中原城市群生态保护和经济高质量协同发展及影响因素研究

金春 著

哈尔滨工业大学出版社

内 容 简 介

本书首先测度中原城市群生态保护和经济高质量协同发展程度,从生态保护和经济高质量发展的内涵出发,依据相关理论和构建原则,建立评价指标体系,采用动态因子分析法确定权重,测度生态保护水平和经济高质量发展水平,依据生态保护和经济高质量协同的机理,选择耦合协调度模型测度生态保护和经济高质量协同发展的程度。其次采用规范分析和实证分析相结合的方法研究影响生态保护和经济高质量协同发展的因素,在分析协同发展影响机理的基础上,利用空间面板模型实证分析了各因素对协同发展的影响。最后提出实现中原城市群生态保护和经济高质量协同发展的政策建议。

本书既可作为普通高等学校经济类专业学生的学习参考书,也可作为从事经济管理工作人员的参考用书。

图书在版编目(CIP)数据

中原城市群生态保护和经济高质量协同发展及影响因素研究/金春著. —哈尔滨:哈尔滨工业大学出版社, 2024.7—ISBN 978－7－5767－1615－3

Ⅰ. F127

中国国家版本馆 CIP 数据核字第 2024KC1799 号

策划编辑　杨秀华
责任编辑　那兰兰
出版发行　哈尔滨工业大学出版社
社　　址　哈尔滨市南岗区复华四道街 10 号　邮编150006
传　　真　0451－86414749
网　　址　http://hitpress.hit.edu.cn
印　　刷　哈尔滨圣铂印刷有限公司
开　　本　787 mm×960 mm　1/16　印张 7.5　字数 140 千字
版　　次　2024 年 7 月第 1 版　2024 年 7 月第 1 次印刷
书　　号　ISBN 978－7－5767－1615－3
定　　价　58.00 元

(如因印装质量问题影响阅读,我社负责调换)

前　言

2019年9月18日上午,中共中央总书记、国家主席、中央军委主席习近平在郑州主持召开黄河流域生态保护和高质量发展座谈会并发表重要讲话,明确黄河流域生态保护和高质量发展,同京津冀协同发展、长江经济带发展、粤港澳大湾区建设、长三角一体化发展一样,是重大国家战略。城市群集聚了大量人口和资本,是黄河流域生态保护与经济发展矛盾最为突出的空间单元,中原城市群作为地处黄河流域的城市群之一,具有承东启西、贯穿南北的重要作用,本书以中原城市群作为研究的空间单元,不仅有助于政府在城市群内各城市之间通过政策与管理联动实现生态保护的合作,还有助于从经济发展视角构建中原城市群经济共同体,利用经济联动的市场机制协同城市群生态保护,实现中原城市群生态保护和经济高质量协同发展的整体格局,既能为中原城市群的健康持续发展提供政策支持,也能为黄河流域其他地区提供经验借鉴。

本书研究内容:首先测度中原城市群生态保护和经济高质量协同发展程度,从生态保护和经济高质量发展的内涵出发,依据相关理论和构建原则,建立评价指标体系,采用动态因子分析法确定权重,测度生态保护水平和经济高质量发展水平,依据生态保护和经济高质量协同的机理,选择耦合协调度模型测度生态保护和经济高质量协同发展的程度。其次采用规范分析和实证分析相结合的方法研究影响生态保护和经济高质量协同发展的因素,在分析协同发展的影响机理基础上,利用空间面板模型实证分析了各因素对协同发展的影响。最后提出实现中原城市群生态保护和经济高质量协同发展的政策建议。

本书研究结论:2008—2021年,中原城市群生态保护和经济高质量协同发展程度不高,分别属于濒临失衡型、轻度失衡型、中度失衡型,其中,属于濒临失衡型的占城市总数的10.345%;属于轻度失衡型的占城市总数的79.31%;属于中度失衡型的占城市总数的10.345%。核心发展区各城市(郑州市等13个城市)的耦合协调度高于联动辐射区城市(安阳市等16个城市)。2008—2018年,两者的差距较小。2019—2021年,两者的差距呈现扩大的趋势,核心发展区城市的协同发展呈现逐渐上升的趋势,联动辐射区城市的协同发展呈现逐渐下降的趋势。生态保护和经济高质量发展同步的占比47.04%,经济高质量发展滞后于生态保护的占比33.

74%,生态保护滞后于经济高质量发展的占比19.21%。

在影响协同发展的因素中,环境规制、产业结构高级化水平、科技创新对城市生态保护和经济高质量协同发展影响显著,影响方向均为正向,产业结构高级化水平、金融发展、人力资本、外商投资对生态保护和经济高质量协同发展具有空间溢出效应,将空间溢出效应分解为直接效应、间接效应和总效应,结果发现:环境规制、产业结构高级化水平对生态保护和经济高质量协同发展具有直接效应,影响方向为正向;金融发展、人力资本、外商投资对生态保护和经济高质量协同发展具有间接效应,人力资本影响方向为正向间接效应,金融发展、外商投资影响方向为负向间接效应。

本书还根据得出的结论提出有针对性的政策建议,为生态保护和经济高质量协同发展开出政策药方。

本书的创新点:一是将经济高质量发展已有理论研究成果拓展到实证研究领域,基于经济高质量发展已有理论研究成果,在界定内涵的基础上,从供给、需求、配置、投入产出、收入分配和经济循环角度构建经济高质量发展评价指标体系,以此为基础开展实证研究,丰富了经济高质量发展的研究成果。二是将动态因子分析法应用于生态保护和经济高质量发展的评价指标赋权,动态因子分析法在多主体跨期变化趋势分析和评价中具有独特的优势,它的应用使研究从静态分析层面深入到动态分析层面,更为深入和全面,丰富了评价生态保护状况和经济高质量发展状况时评价指标赋予权重的方法。三是从空间相关性的视角分析影响生态保护和经济高质量协同发展的因素。本书基于空间相关性的检验结果,在构建计量模型时考虑城市间协同发展的空间相关性,加入空间滞后项,探究各因素对协同发展的影响及空间溢出效应,并将空间效应分解为直接效应、间接效应和总效应,使研究结果更为准确,接近客观实际情况。

本书由齐齐哈尔大学经济与管理学院、嫩江流域区域创新与产业融合发展实验室金春独著,是在作者论文《生态保护和经济高质量协同发展关系研究——基于我国中原城市群数据的分析》基础上补充和修改完成的,是黑龙江省省属高等学校基本科研业务费科研项目"黑龙江省农业生态保护和经济高质量协同发展研究——基于农户采纳行为视角"(编号:145109324)的研究成果。本书作为生态保护和经济高质量发展问题的研究成果,仅仅属于沧海一粟,希望有助于广大学者的研究。限于水平和时间,书中难免存在一些不足,敬请各位读者批评指正。

作者

2023 年 12 月

图索引

图 1.1 结构安排 ·· 4
图 4.1 中原城市群各城市生态保护水平动态综合得分平均值 ············ 35
图 4.2 中原城市群核心发展区城市和联动辐射区城市生态保护变动趋势图 ··· 36
图 4.3 中原城市群各城市经济高质量发展动态综合得分平均值 ············ 46
图 4.4 中原城市群核心发展区城市和联动辐射区城市经济高质量发展趋势图 ··· 48
图 5.1 中原城市群核心发展区城市和联动辐射区城市协同发展对比图 ······ 59
图 5.2 中原城市群核心发展区城市协同发展平均值 ············ 60
图 5.3 中原城市群联动辐射区城市协同发展平均值 ············ 60

表索引

表4.1 中原城市群生态保护评价指标体系 ………………… 26
表4.2 各指标描述性统计 ………………… 27
表4.3 因子特征值、方差贡献率和累计方差贡献率 ………………… 30
表4.4 各城市生态保护水平静态综合得分 ………………… 31
表4.5 各城市2008—2021年生态保护水平动态综合得分 ………………… 32
表4.6 各城市生态保护水平动态综合得分平均值 ………………… 33
表4.7 生态保护测度结果对比表 ………………… 34
表4.8 核心发展区城市和联动辐射区城市生态保护综合得分对比表 ……… 35
表4.9 各城市生态保护动态综合得分排名及变化情况 ………………… 36
表4.10 中原城市群经济高质量发展评价指标体系 ………………… 40
表4.11 各指标描述性统计 ………………… 41
表4.12 因子特征值、方差贡献率和累计方差贡献率 ………………… 42
表4.13 各个因子静态综合得分 ………………… 43
表4.14 2008—2021年中原各城市群的经济高质量发展水平动态综合得分……
………………… 44
表4.15 各城市经济高质量发展综合得分平均值 ………………… 45
表4.16 经济高质量发展测度结果对比表 ………………… 47
表4.17 核心发展区城市和联动辐射区城市经济高质量发展综合得分对比表…
………………… 47
表4.18 各城市经济高质量发展动态综合得分排名及变化情况 ………………… 48
表5.1 耦合协调度等级划分标准 ………………… 54
表5.2 2008-2021年生态保护和经济高质量发展耦合度 ………………… 55
表5.3 2008-2021年生态保护和经济高质量发展耦合协调度 ………………… 56
表5.4 生态保护和经济高质量发展耦合协调度平均值 ………………… 57
表5.5 核心发展区城市和联动辐射区城市协同发展对比表 ………………… 59

表 5.6 生态保护和经济高质量发展同步情况 ………………………… 61
表 6.1 变量描述性统计 ……………………………………………… 72
表 6.2 解释变量间相关系数及方差膨胀因子 ………………………… 72
表 6.3 面板单位根检验结果 ………………………………………… 73
表 6.4 空间面板基本回归结果 ……………………………………… 74
表 6.5 协同发展影响因素的空间溢出效应分解 ……………………… 77
表 6.6 空间面板基本回归结果(替换变量) ………………………… 79
表 6.7 协同发展影响因素的空间溢出效应分解结果(替换变量) …… 80

目 录

第1章 绪论 1
  1.1 选题背景及研究意义 1
  1.2 研究内容和结构安排 3
  1.3 研究方法 4
  1.4 本书创新点与不足之处 5

第2章 国内外文献综述 7
  2.1 国外文献综述 7
  2.2 国内文献综述 10

第3章 相关概念与相关理论 15
  3.1 相关概念 15
  3.2 相关理论 20

第4章 中原城市群生态保护和经济高质量发展的现状 24
  4.1 中原城市群概况 24
  4.2 生态保护的现状 24
  4.3 经济高质量发展现状 37
  4.4 本章小结 49

第5章 中原城市群生态保护和经济高质量协同发展的测度 51
  5.1 生态保护和经济高质量协同发展测度模型 51
  5.2 生态保护和经济高质量协同发展测度结果 54
  5.3 本章小结 62

第6章 中原城市群生态保护和经济高质量协同发展的影响因素分析 63
  6.1 影响机理分析与变量选择 63

6.2 计量模型的设定与变量检验 ································ 69
6.3 实证检验 ·· 73
6.4 稳健性检验 ··· 78
6.5 本章小结 ·· 80

第 7 章 结论与政策建议 ·· 82
7.1 主要研究结论 ··· 82
7.2 实现协同发展的政策建议 ································· 83

参考文献 ··· 91

第1章 绪 论

1.1 选题背景及研究意义

1.1.1 选题背景

黄河流域出现的水资源短缺、水环境污染等问题影响了区域经济社会可持续发展。2019年9月18日上午,中共中央总书记、国家主席、中央军委主席习近平在郑州主持召开黄河流域生态保护和高质量发展座谈会并发表重要讲话,明确黄河流域生态保护和高质量发展是重大国家战略。黄河流域作为重要的生态屏障和经济带[①],生态保护和经济高质量发展的协同关系尤为重要。"绿水青山就是金山银山"这一科学论断系统剖析了生态保护和经济高质量发展在演进过程中的相互关系,将生态保护作为经济高质量发展的重要依据和背景,强调可持续发展,在供给侧改革和经济发展由要素驱动转向创新驱动的背景下,经济发展要兼顾到生态保护,只有实现生态保护和经济高质量协同发展,才能稳固黄河流域生态屏障和经济带的地位。

城市群集聚了大量人口和资本,是黄河流域生态保护与经济发展矛盾最为突出的空间单元,中原城市群作为地处黄河流域的城市群之一,处于贯穿南北、承东启西的战略地位,在《中原城市群发展规划》中,战略定位包括经济发展新增长极和绿色生态发展示范区。在黄河流域生态保护和高质量发展战略大背景下,本书以中原城市群作为研究的空间单元,主要研究以下问题:生态保护和经济高质量发展的内涵是什么,中原城市群生态保护现状如何,中原城市群经济高质量发展现状

---

① 按照国家"十三五"规划纲要对城市群的划分,黄河流域共有7个城市群,分别是山东半岛城市群、中原城市群、晋中城市群、关中平原城市群、宁夏沿黄城市群、呼包鄂榆城市群和兰西城市群。

如何,生态保护和经济高质量协同发展处于什么状况,哪些因素影响二者的协同发展,实现协同发展的具体路径是什么。这些问题的论证不仅有助于政府在城市群内各城市之间通过政策与管理联动实现生态保护的合作,还有助于从经济发展视角构建中原城市群经济共同体,利用经济联动的市场机制促进城市群生态保护,构建中原城市群生态保护和经济高质量协同发展的整体格局。

1.1.2 研究意义

在此研究背景下,本书基于生态保护和经济高质量协同发展的测度结果,测度两者的协同发展程度,研究影响协同发展的因素,具有重要的理论意义和现实意义。

1. 理论意义

研究生态保护和经济高质量协同发展问题,可以为我国选择发展方式提供指导,这是政府和学术界关注的重要问题之一。生态保护和经济高质量协同发展问题的理论研究有利于相关理论的完善,能更好地促进社会可持续发展。本书研究的深入有利于促使多学科在促进生态保护和经济高质量协同发展方面的融合。基于这些考虑,本书一方面通过将耦合协调理论运用到生态保护和经济高质量协同发展中,研究两者的协同关系,是对系统科学、系统理论在生态保护和经济高质量协同发展研究领域中的有益探索,有利于拓展系统科学理论的应用边界;另一方面对生态保护和经济高质量协同发展进行理论研究,揭示生态保护和经济高质量协同发展的理论内涵与外延,建立和完善生态保护和经济高质量协同发展的宏观、复合理论思维体系,以此促进生态保护和经济高质量协同发展。

2. 现实意义

只有实现了生态保护和经济高质量协同发展才有可能推进社会主义生态文明建设和美丽中国建设。生态保护和经济高质量协同发展是提升生态质量的重要手段。本书形成的具体研究成果,如经济高质量发展的现状、生态保护的现状、两者的协同发展程度,将概念化的话题转化为显性化的数字,有助于形成形象化的认识,使政府和学术界对这一问题的了解更为深入,为中原城市群如何在生态保护不断提高的同时实现经济发展由传统模式向资源节约型、环境友好型转变,以及实现经济高质量发展提供决策依据和科学指导。此外,以中原城市群作为空间单元研究生态保护和经济高质量协同发展问题,对中原城市群的发展具有重要的现实意义,而且对黄河流域其他地区的发展也具有重要的借鉴意义。

1.2 研究内容和结构安排

1.2.1 研究内容

本书涉及以下内容。

第1章：绪论。阐述选题背景及研究意义，研究内容及结构安排，展示采用的研究方法，并提炼本书的创新点和不足之处。

第2章：国内外文献综述。对国内外的生态保护和经济高质量协同发展的相关研究进行梳理，从生态保护、经济高质量发展、生态保护和经济高质量协同发展的测度、生态保护和经济高质量协同发展的影响因素4个方面对已有研究成果进行综述。

第3章：相关概念和相关理论。界定了生态保护、经济高质量发展、协同的概念，梳理了生态保护和经济高质量协同发展的相关理论。

第4章：中原城市群生态保护与经济高质量发展的现状。依据相关理论和构建原则，构建生态保护评价指标体系，采用动态因子分析法对中原城市群的生态保护现状进行测度，对生态保护现状进行分析；依据相关理论和构建原则，构建经济高质量发展评价指标体系，采用动态因子分析法对中原城市群的经济高质量发展进行测度，对经济高质量发展现状进行分析。

第5章：中原城市群生态保护和经济高质量协同发展的测度。构建协同发展测度模型，对中原城市群的生态保护和经济高质量协同发展进行测度，分析协同发展的特征。

第6章：对中原城市群生态保护和经济高质量协同发展的影响因素进行分析。梳理了环境规制、产业结构高级化水平、科技创新、金融发展、人力资本、外商投资因素对协同发展的影响机理。通过构建空间面板模型，分析环境规制、产业结构高级化水平、科技创新、金融发展、人力资本、外商投资因素对协同发展的影响，以及空间溢出效应，并将空间溢出效应进一步分解为直接效应、间接效应和总效应，进行深入分析。

第7章：结论与政策建议。基于前文研究，对全书研究结论做简要概括，提出促进中原城市群生态保护和经济高质量协同发展的政策建议。

1.2.2 结构安排

本书先从概念界定、文献梳理入手，在此基础上对生态保护水平和经济高质量发展水平进行测度,对二者协同发展程度进行测度,分析影响协同发展的因素,提出实现生态保护和经济高质量协同发展的政策建议。本书结构安排(图1.1)如下。

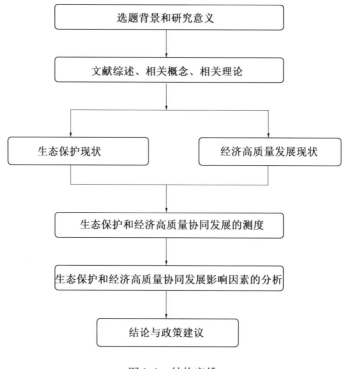

图1.1 结构安排

1.3 研究方法

本书在对中原城市群生态保护和经济高质量协同发展的测度及影响因素分析的研究中,使用的研究方法归纳如下。

1. 定性分析与定量分析相结合

本书中,对于生态保护、经济高质量发展的基本内涵的分析、协同理论的分析、协同发展的具体实现路径的分析属于定性分析,而从多个维度选择指标构建生态保护评价指标体系和经济高质量发展评价指标体系,对协同发展测算结果进行特征分析均属于定量分析。定性分析和定量分析相结合,使研究结论具有可靠性。

第1章 绪　论

2. 规范分析和实证分析相结合

本书中，环境规制等因素对生态保护和经济高质量协同发展影响的机理分析属于规范分析，而采用中原城市群2008—2021年面板数据对协同发展进行的综合评价及对影响因素进行的实证检验均属于实证分析。规范分析和实证分析相结合，使研究更具有学术价值。

3. 静态分析和动态分析相结合

本书中，对生态保护测算结果、经济高质量发展测算结果、两者协同发展测算结果进行不同城市间的比较，属于静态分析。分析协同发展的特征时，进行不同年份的比较，属于动态分析。静态分析和动态分析相结合，使研究更具有深度。

4. 比较分析法

本书中，将中原城市群的城市区分为核心发展区城市和联动辐射区城市，分析不同城市协同发展的差异，属于比较分析。对2008—2021年整个样本期的不同年份进行分析，找到协同发展在不同年份的特征，属于比较分析。

1.4　本书创新点与不足之处

1.4.1　创新点

1. 将经济高质量发展已有理论研究成果拓展到实证研究领域

在已有理论研究成果和界定经济高质量发展内涵的基础上，从高质量的供给、高质量的需求、高质量的配置、高质量的投入产出、高质量的收入分配和高质量的经济循环角度构建经济高质量发展评价指标体系，开展实证研究，将已有理论研究成果拓展到实证研究领域，丰富了经济高质量发展的研究成果。

2. 采用动态分析法对生态保护和经济高质量发展的评价指标赋予权重

本书采用动态因子分析法对评价指标赋予权重，使研究更为深入和全面。

3. 从空间相关性的视角分析影响生态保护和经济高质量协同发展的因素

本书在探究生态保护和经济高质量协同发展的影响因素时，基于空间相关性的检验结果，在构建计量模型时考虑城市间生态保护和经济高质量协同发展的空间相关性，加入空间滞后项，探究各因素对协同发展的影响及空间溢出效应，并将空间效应分解为直接效应、间接效应和总效应，使研究结果更为准确，接近客观实际情况。

1.4.2 不足之处

1. 研究数据有局限性

中原城市群由30个城市组成,在收集数据时,发现济源市数据缺失严重,经过多种渠道进行查找,仍然有大量数据缺失,所以采取了与韩燕和邓美玲(2020)[2]、何韩吉等(2021)[3]同样的处理方法,将该城市剔除,实际分析的城市是29个。

2. 对协同发展影响因素分析不够全面

本书以生态保护和经济高质量协同发展的实现为出发点,从环境规制、产业结构高级化水平、科技创新、金融发展、人力资本、外商投资角度进行阐述和实证分析,视角可能受限,限于理论未有统一标准及篇幅,本书分析不够全面,有一定的不足。

第 2 章 国内外文献综述

本书重点关注生态保护和经济高质量发展现状,生态保护和经济高质量协同发展,哪些因素影响生态保护和经济高质量协同发展,以及协同发展的具体实现路径等问题。本章回顾和梳理生态保护、经济高质量发展等相关领域的代表性文献,分析国内外研究生态保护和经济高质量协同发展的进展情况,从多角度归纳和总结生态保护、经济高质量协同发展的研究成果。

2.1 国外文献综述

2.1.1 生态保护

生态的概念最早由 Haeckel 于 1866 年提出,他认为生态是生物的生存空间特征。国外对于生态保护的研究主要集中在森林生态保护(D. Lamb 等,2006;AM. Wilson 等,2015;M. Gómez 等,2019)[4]-[6]、草原生态保护(AM. Ödman 等,2012)[7]、荒漠生态保护(A. Burke,2001)[8]、冻原生态保护(H. Myers-Smith 等,2011)[9]、城市生态保护(RJ. Standish 等,2013)[10]、农田生态保护(GPS. Sidhu,2016)[11]、山体生态保护(SJ. Wilson,2019)[12]、河流生态保护(V. Hermoso 等,2011;AJ. Reid 等,2018;B. Grizzetti,2019)[13]-[15]、湖泊生态保护(C. Ye 等,2018)[16]、沼泽生态保护(M. Wolters 等,2005)[17]、海洋生态保护(MP. Weinstein,2010)[18]、滨海湿地生态保护(V. Imbrenda 等,2018;SCL. Watson 等,2018)[19]-[20] 等方面。

如何科学严谨地对生态保护水平进行测度,是专家、学者和权威机构在探讨生态保护相关问题时必须解决的首要问题。许多专家、学者对其指标体系构建和测度方法选择进行积极研究与探讨,并取得了较为显著的阶段性成果。在测度生态保护水平时,专家和学者选取 SO_2 浓度指标、烟尘和悬浮颗粒物浓度指标、水污染指标、空气污染指标、NO_2 指标等测度生态保护情况,GM. Grossman 等(1991)[21] 采

用 SO_2、烟尘和悬浮颗粒物浓度等指标测度生态保护情况,GM. Grossman 等(1995)[22]采用水污染、空气污染指标测度生态保护情况,A. Markandya(2006)[23]采用大气污染指标测度生态保护情况,H. Iwata(2010)[24]采用 NO_2 和 SO_2 指标测度生态保护情况。

对于如何进行生态保护,学者们提出了不同的观点。第一类观点是生态环境服务付费。JM. Peterson(1977)[25]研究发现,如果实施排污费政策,企业的排污行为会在这一政策的影响下受到约束,起到保护生态环境的作用。M. Braulke 等(1981)[26]、E. Feinerman 等(2001)[27]研究发现,如果实施排污费政策,对生态保护具有短期效果而不具有长期效果。S. Wunder(2005)[28]、R. Muradian(2010)[29]、L. Tacconi(2012)[30]认为生态系统服务使用者要向生态系统服务提供者进行有条件的付费。L. Pagiola(2005)[31]、S. Engel(2008)[32]、M. Ribaudo(2010)[33]进一步研究了生态环境服务付费这一措施实施的框架和关键问题。第二类观点是设立生态自然保护区,JJ. Wilson 等(2010)[34]认为生态保护区对于保护生态系统具有重要的生态价值,LN. Joppa 等(2011)[35]、MF. Tapia-Armijos 等(2017)[36]通过对自然保护区的评估验证了设立自然保护区对于生态保护具有有效性,MC. Hayes(2015)[37]、A. Rastogi 等(2015)[38]提出可以在生态保护区开展生态旅游,在建立完善的旅游机制的前提下,生态旅游有利于生态保护区的发展,但是也有学者提出了相反的观点,MI. Malik 等(2015)[39]提出生态旅游会给自然保护区的生态系统造成破坏性影响,特别是游客量大、生态系统受干扰强烈的区域,ES. Nakajima 等(2016)[40]支持这一观点,并提出应该根据生态保护区的生态承载力来确定游客的数量。第三类观点是通过技术创新等方法进行生态保护,这类观点认为技术创新是生态环境持续改善的关键支撑,所以应该推动技术创新。PG. Fredriksson 等(2003)[41]研究发现,美国的某些地方政府基于投资和就业的考虑调整环境准入标准,对生态保护具有负向影响。

2.1.2 经济高质量发展

国外关于经济高质量发展的研究成果非常稀少,M. Mlachila 等(2014)[42]认为经济高质量发展的表现形式不止包含经济增长率,还包含社会福利。ЛА. Кормишкина 等(2011)[43]认为高质量的经济增长是以发展成果为基础的,广泛地研究、应用和使用技术,实现产品和其他方面的创新,系统间相互作用的创新流是现代经济增长的驱动力。其他学者的研究涉及经济高质量发展研究中"质"的问题,研究成果集中于除物质要素外的其他要素(人力资本等)对经济增长的贡献。

ВД. Камаев(1977)[44]首先提出经济发展质量的内涵,指出经济增长质量包括产品质量、劳动生产率和消费者满意度等。RJ. Burro(1991)[45]的观点是经济增长质量与经济增长数量不同,与经济发展、政治制度等有显著相关关系,包括生育率、环境条件等。T. Vinod(2001)[46]从人力资本、控制金融风险等角度定义经济增长质量。M. Martinez 等(2013)[47]的观点是经济增长质量是稳定且可持续的增长,强调经济增长质量能起到减少贫困的作用。СП. Понизович(2015)[48]的观点是经济增长质量表现为人民生活水平和生活质量参数的稳步提高,衡量指标涉及人口福利、工作生活质量、环境质量、健康和人口状况等多个层面。

2.1.3 生态保护和经济高质量协同发展的测度

从1992年联合国环境与发展会议提出"可持续发展"开始,生态保护和经济发展的协同问题逐渐受到各国的广泛关注,是近年来各国实现可持续发展所关注的重点。之后,国外学者分别从跨学科、跨领域等视角对生态保护和经济发展协同进行了大量理论及实证研究。DW. Pearce 等(1990)[49]认为经济发展与生态环境之间存在明显的阶段性演化特征。GM. Grossman 等(1995)[50]提出环境库兹涅茨曲线(environmental Kuznets curve,EKC),他们认为,经济发展与生态环境的关系呈现倒 U 形的序列演化规律。之后大量学者如 TM. Seldon 等(1994)[51]、M. Torras 等(1998)[52]、DI. Stern(2004)[53]、WA. Brock 等(2010)[54]、H. Iwata 等(2010)[24]、M. Shahbaz(2013)[55]、N. Apergis(2016)[56]采用不同地区的数据验证 EKC。

在协同发展测度方法方面,对生态保护和经济高质量协同发展进行测度时,学者们采用了不同的模型。S. Janssen 等(2010)[57]建立了模拟系统模型对农业生态环境和农业生产之间的协调发展进行模拟。RHV. ValdiviaR 等(2012)[58]利用市场均衡模型分析了农业生产系统的环境与经济产出的耦合机制。EA. Tretyakova(2014)[59]和 IT. Yoo 等(2015)[60]采用耦合动态方法评价了经济与环境系统的协调持续性。

在协同发展研究区域方面,M. Sultan 等(1999)[61]研究尼罗河三角洲地区,O. Varis等(2002)[62]研究塞内加尔河流域,KA. Reinert 等(2002)[63]研究美国大西洋湖区,V. Chheang(2010)[64]研究湄公河区域,E. Mutisya 等(2014)[65]研究肯尼亚,EA. Tretyakova(2014)[59]研究俄罗斯,IT. Yoo 等(2015)[60]研究东亚。

2.1.4 生态保护和经济高质量协同发展的影响因素

对于影响生态保护和经济高质量协同发展的因素,国外学者在研究时将生态保护作为要素引入经济增长模型,探讨生态环境和经济增长协同发展的条件。多数学者认为生态保护和经济发展之间可实现协同发展,研究成果可以梳理为两大类。

一类是将生态环境作为要素引入新古典增长模型,探讨生态环境和经济增长协同发展的影响因素。J. Stiglitz(1974)[66]研究发现,技术进步能够减少生态环境对经济可持续增长的约束。Y. Sakawa 等(1978)[67]研究发现,物质资本和污染治理影响生态环境对经济可持续增长的约束。PS. Dasgupta 等(1979)[68]得出经济可持续增长的约束条件。R. Gradus 等(1993)[69]研究发现,研究经济增长和生态环境关系时,生产导致的污染和资本导致的污染是无差别的,研究时数据采用存量还是流量结果也是无差别的。WA. Brock 等(2004)[70]研究发现,经济增长和生态环境质量呈倒 U 形关系。

另一类是将生态环境作为要素引入内生经济增长模型,探讨生态环境和经济增长协同发展的影响因素。R. Lucas(1988)[71]和 PM. Romer(1990)[72]将生态环境作为要素引入内生经济增长模型,探讨生态环境和经济增长协同发展的条件。S. Smulders(1995)[73]研究发现,自然资源的投入和创新对经济增长有正向影响。AL. Bovenberg 等(1996)[74]研究发现,实施环境政策的长期和短期影响存在差异。G. Stoker(1998)[75]研究环境规制对生态环境和经济增长协同度的影响,发现政府支出的影响是正向的。WA. Brock 等(2003)[76]将技术进步作为内生变量纳入模型,研究发现削减污染能够提升环境质量。

少数观点:W. Beckerman(1992)[77]、K. Arrow(1995)[78]、P. Ekins(1997)[79]、E. Magnani(2001)[80]认为生态环境与经济增长二者之间没有显著的关系。

2.2 国内文献综述

2.2.1 生态保护

国内最早提出"生态保护"一词的是黄秉维院士,在1982年第五届全国人大宪法草案讨论中,他认为"保护生态平衡"不够确切,建议改为"保护生态环境"。他的建议在政府报告和宪法中都被采用。随后,众多学者开始深入而系统地研究生态保护问题,尤其是近年来,随着政府对生态保护问题的重视,生态保护研究呈现出百家争鸣之势。

按照生态保护对象划分,国内对于生态保护的研究主要集中于对水生态保护

(袁文卿,2004;吕阳等,2013;谢慧明等,2016)[81-83]、森林生态保护(曹文,2008;刘晓光等,2013;董玮,2017)[84-86]、空气污染治理(田华等,2010;王延杰,2015)[87-88]、农业领域生态保护(李一花等,2009;李曼丽,2009;司言武,2010;刘召等,2011;鲍文前,2013;陆成林,2014;熊冬洋,2017)[89-95]、城市发展和工业领域生态保护(崔亚飞等,2012;刘涛,2013;李惠茹等,2014;熊升银,2017)[96-99]的研究。黄河流域生态保护研究主要集中于水资源利用(韩美等,2015)[100]、湿地保护(郭云等,2018)[101]、综合治理和可持续发展(陆大道等,2019)[102]、三角洲生态演变、水战略布局(张金良,2020)[103]、气候治理(郭晗,2020)[104]等方面。

如何科学严谨地对生态保护水平进行测度,是专家、学者和权威机构在探讨生态保护相关问题时必须解决的首要问题。许多专家、学者对其指标体系构建和测度方法选择进行积极研究与探讨,并取得了较为显著的阶段性成果。按照表征生态环境指标的不同,测度生态保护水平时选用的指标可以分为以下几类。第一类是选用碳足迹指标,刘敬智(2006)[105]以净生态面积等5个指标测度生态保护,焦文献(2012)[106]采用STIRPAT模型测度生态保护,赵涛(2014)[107]采用能源碳足迹测度生态保护压力,并分析了变化趋势。第二类是选用环境污染指标,陆虹(2000)[108]采用大气污染指标,杨凯等(2003)[109]采用环境废弃物指标,邢秀凤等(2005)[110]采用三废排放指标,李春生(2006)[111]采用废水、工业废气、生活污水排放量指标,宋涛等(2006)[112]采用人均粉尘排放量等指标。第三类是选用自然环境指标,许月卿等(2006)[113]、曾永明等(2011)[114]、刘铭等(2015)[115]采用地形、地貌等自然指标,刘华民(2012)[116]采用干旱、风沙等极端天气指标,韦惠兰(2012)[117]采用气温、降雨等气象指标,陈伟娜(2013)[118]采用植被净初级生产力指标,杨丽雪(2014)[119]采用森林覆盖率等指标。

对于如何进行生态保护,许多专家、学者进行了积极研究与探讨,并取得了较为显著的阶段性成果。专家、学者的观点可以分为以下几类:第一类观点是需要协同治理,袁文卿(2004)[81]、吕阳等(2013)[82]、谢慧明等(2016)[83]发现水污染治理需要中央政府和地方政府的协同治理。李一化等(2009)[89]、李曼丽(2009)[90]、司言武(2010)[91]、熊冬洋(2017)[95]认为农业生态保护要从解决农户"非理性行为"、提高农业领域财政资金使用效率、发展低碳农业等角度开展。田华等(2010)[87]、王延杰(2015)[88]发现在治理大气污染时,需要各地方政府的协同治理。刘晓光等(2013)[85]对林业问题的研究也提出了协同治理的观点。第二类观点是建立生态补偿机制,谢大伟等(2015)[120]、易金平等(2016)[121]提出应该建立生态补偿机制,何勇(2009)[122]研究了生态保护补偿的概念、标准和方式,马爱慧

(2011)[123]、温锐(2012)[124]、胡振通(2016)[125]、孔德帅(2017)[126]分别以流域、耕地、草原和国家重点生态功能区作为研究对象,研究了生态保护补偿的实践问题。第三类观点是建立自然保护区和划定生态保护红线,郑姚闽等(2012)[127]通过对湿地自然保护区的保护成效评估,发现30年来,湿地自然保护区内湿地面积总体呈现下降趋势,占全国湿地总净减少量的9%。高吉喜(2015)[128]、刘冬等(2015)[129]、陈海嵩(2017)[130]研究了生态保护红线的实施问题。刘方正等(2016)[131]通过对自然保护区植被保护的成效评估检验了生态保护的效果。

2.2.2 经济高质量发展

2017年10月,党的十九大报告提出,"我国经济已由高速增长阶段转向高质量发展阶段"①,学术界开始对经济高质量发展问题进行研究,主要从高质量发展的内涵及特征、必要性、评价标准,中国经济高质量发展存在的问题、实现路径等方面展开,经济高质量发展的"高"体现在哪里?本书从高质量发展的内涵和特征两个方面对现有研究成果进行梳理。

高质量发展的内涵方面:王军(2017)[132]的观点是高质量发展包括经济、生态、民生等6个方面。杨伟民(2018)[133]、林兆木(2018)[134]、金碚(2018)[135]的观点是高质量发展是能够很好地满足人民日益增长的美好生活期望的发展。任保平(2018)[136]的观点是高质量发展是五大发展理念的体现。何立峰(2018)[137]的观点是高质量发展的内涵是上述两种观点的综合。杨三省(2018)[138]的观点是高质量发展是成本低、效益高的发展。李伟(2018)[139-140]、夏锦文等(2018)[141]、安淑新(2018)[142]的观点是高质量发展意味着高质量的供给、高质量的需求、高质量的配置、高质量的投入产出、高质量的收入分配和高质量的经济循环。

高质量发展的特征方面:冯俏彬(2018)[143]从产业结构、创新、消费对经济的拉动、经济结构、包容性和普惠式方面阐述了高质量发展的特征。任保平、李禹墨(2018)[144]从产业结构、创新、供给体系、满足人民美好生活需要方面阐述了高质量发展的特征。

有关衡量经济高质量发展的指标和标准研究目前处于探索中。许岩(2017)[145]和徐莹(2018)[146]都认为建立高质量发展的评价指标体系非常必要,许岩(2017)[145]认为高质量发展的评价指标体系中应包括绿色发展的内容。程虹

---

① 习近平.决胜全面建成小康社会夺取新时代中国特色社会主义伟大胜利[N].人民日报.2017-10-28(001).

(2018)[147]的观点是高质量发展评价指标体系中不仅应当包括 GDP、TFP 等经济指标,还应当包括社会保障指标。任保平(2018)[136]的观点是高质量发展评价指标体系应从有效性、充分性等七大方面选取指标。任保平等(2018)[148]的观点是高质量发展评价指标体系应从宏观、中观、微观 3 个方面构建,经济发展指标主要采用人均 GDP、人均 GNP、全要素生产率等。

以上是从不同角度对经济高质量发展的内涵、特征和测度的研究,通过梳理发现已有研究成果对这一问题的系统性研究仍有空缺,本书基于已有成果及党的十九大、二十大精神,继续深入探讨经济高质量发展的内涵和测度问题。

2.2.3 生态保护和经济高质量协同发展的测度

国内学术界对生态保护和经济高质量协同发展问题的研究逐渐增多,成为近年来的研究热点,本书从协同发展的测度方法和研究区域两个角度进行梳理。

协同发展的测度方法方面:对生态保护和经济高质量协同发展进行测度时,已有研究采用了不同的测度模型。吴跃明等(1996)[149]采用系统协调度模型,李崇阳(2002)[150]采用博弈论模型,陈六君等(2004)[151]和陈祖海(2004)[152]采用动力学模型,毕东苏等(2005)[153]采用承载机制模型,彭水军等(2006)[154]采用脉冲响应函数,王宏伟等(2006)[155]和张荣天等(2015)[156]采用耦合协调度模型。

研究区域方面:已有研究从省级尺度方面和跨省区域尺度方面进行研究,在省级尺度方面,杨凯等(2003)[109]研究上海市,邢秀凤等(2005)[110]研究青岛市,李春生(2006)[111]研究广州市,何蓓蓓等(2009)[157]研究江苏省,张子龙等(2010)[158]研究甘肃省,任志远等(2011)[159]研究陕西省。在跨省区域尺度方面,张俊飚等(2001)[160]研究喀斯特贫困地区,丁金梅等(2010)[161]研究陕北农牧交错区,王海宁等(2012)[162]研究关中地区,曹诗颂等(2015)[163]研究秦巴特困连片区,金凤君(2019)[164]和黄燕芬等(2020)[165]研究黄河流域。

2.2.4 生态保护和经济高质量协同发展的影响因素

国内学者在研究生态保护和经济高质量协同发展的影响因素时,一部分研究集中于对 EKC 的验证方面:陆虹(2000)[108]研究发现人均 GDP 与人均 CO_2 排放量之间的关系不符合 EKC 的特征。包群等(2005)[166]研究发现生态环境和经济增长的关系是否符合 EKC 假定与污染指标的选取和计量方法有关。宋涛等(2006)[112]研究发现人均粉尘排放量等指标和人均收入的关系符合 EKC 的特征,但是人均废水等指标和人均收入的关系不符合 EKC 的特征。韩君(2012)[167]研究发现 EKC

的稳定性强弱与经济发展水平成正比。罗岚等(2012)[168]研究发现,有较多省份到达废水 EKC 拐点,有较少省份到达废气和固体废物 EKC 右半段。

国内学者将生态环境作为要素纳入经济增长模型中,探讨生态保护和经济增长协同发展的影响因素。魏一鸣等(2002)[169]构建了人口、资源、环境和经济协调发展的模型。何一农等(2004)[170]构建环境-内生人口增长的经济增长模型。陈祖海等(2006)[171]构建包含生态环境自净率的经济增长模型。彭水军等(2006)[154]构建了包含生态环境、物质资本积累、人力资本开发等因素的经济增长模型。学者们在研究过程中得出的影响协同发展因素有:辜胜阻等(2000)[172]研究发现绿色 GNP 有利于保持生态环境与经济增长的适当协同发展。林道辉等(2002)[173]和杨卫国(2009)[174]研究发现,提高环境承载力有利于生态环境和经济增长的协同发展。曹光辉等(2006)[175]研究发现通过积极的环境政策干预可以使环境保护与社会经济协同发展。刘昌明等(2020)[176]提出黄河流域生态保护和经济高质量发展亟待解决缺水问题。郭琦(2020)[177]指出通过科技支撑推动黄河流域生态保护和经济高质量发展。王军(2020)[178]指出通过新一代信息技术推动黄河流域生态保护和经济高质量发展。

国内外学者对生态保护和经济高质量发展的测度、两者协同发展测度、影响协同发展的因素的探讨为本书的研究奠定了坚实的基础。通过国内外的研究综述可以发现,生态保护和经济高质量协同发展问题受到国内外学者或研究机构的广泛重视,但是由于这一问题具有区域异质性,还没有学者或研究机构对中原城市群的生态保护和经济高质量协同发展问题提出解决方案。本书将以已有研究为基础对中原城市群的生态保护和经济高质量协同发展问题展开分析。

第 3 章 相关概念与相关理论

生态保护和经济高质量协同发展的相关概念和相关理论是本书研究的理论基础。本章首先界定了生态保护、经济高质量发展、协同的概念,然后从协同学理论、可持续发展理论、承载力理论、绿色经济理论方面梳理了生态保护和经济高质量协同发展的相关理论。

3.1 相关概念

3.1.1 生态保护

"生态保护"这一概念虽然在学术研究中被多次提及,但是学者们对于这一概念的内涵存在不同的理解。孔繁德等(2003)[179]认为,生态保护是指人类对生态环境有意识的保护;李旭东等(2005)[180]认为,生态保护是人类遵循生态规律有意识地对生态环境采取一定对策及措施进行保护的活动;黄锡生等(2014)[181]认为,生态保护是指人类对赖以生存和发展的生态环境进行保护,维持生态系统的平衡,使生态服务功能得以正常发挥的各种措施;沈国舫(2014)[182]认为,生态保护是通过各种人为保护活动使自然生态系统少受各种干扰影响而继续保存其原生状态;黄锡生等(2015)[183]认为,生态保护是指国家和社会为使特定区域生态环境免遭人类活动不利影响,避免区域内生物有机体之间及其与外界环境之间的有机联系遭受破坏而采取的保护措施;付战勇等(2019)[184]认为,生态保护是以生态科学为指导,遵循生态规律对生态及其环境的保护对策和措施。已有研究对生态保护内涵的表述并不相同,但是学者们对这一概念的内涵存在着共识。本书以这些共识为基础,将生态保护的内涵界定为:生态保护是以生态科学为指导,遵循生态规律,为使特定区域生态环境免遭人类活动不利影响,避免区域内生物有机体之间及其与外界环境之间的有机联系遭受破坏而采取的有意识的保护对策和措施。

生态保护的运作机理是一个复杂的动态过程:城市的经济发展需要从生态环

境中获取资源,改变了资源的数量和分布情况,影响了生态环境;城市的生产和生活过程中还会向生态环境中排放污染物,增加了生态环境容量的压力,影响了生态环境,降低了生态系统的活力,对人类的生产生活产生影响。人类采取生态保护措施降低对生态环境造成的压力,减少资源的获取量和污染物的排放,修复生态系统,改善生态系统的功能,这些措施的实施降低了生态保护的压力,生态系统的功能得以恢复,恢复的生态系统资源状态得以改善,环境承载能力得以增强,生态环境容量得以扩充,经济发展所需要的资源数量、质量、分布状况得以改善,生态环境对经济发展的制约得以减少。

在某一个时间截面,可以将复杂的、动态的生态保护过程分解为压力、状态、响应3个部分。

压力是促使人类进行生态保护的因素,是在生产生活中直接施加给生态环境的、使生态环境发生变化的直接因素。生态保护的目标是降低对生态环境造成的压力,减少资源的获取量和污染物的排放,修复生态系统,改善生态系统的功能。在生产生活中消耗资源和排放污染物,对生态保护产生了显而易见的影响,因此,生态保护的压力是改变生态系统状态的直接原因。

状态是在各种压力下的生态保护系统呈现出来的状况,是能够起到保护作用的各种要素的数量和质量,比如一个地区的森林覆盖率是能够起到保护作用的要素的数量,即生态保护的状态。状态要素可以用自然或者生物现象衡量,SI. Roger 等(2005)[185]采用岛危物种的生存现状衡量生态保护状态,RE. Bowen 等(2006)[186]采用生物多样性衡量生态状况。生态保护状态反映的是生态保护的现状及变化趋势,是在生态保护压力下形成的结果,也是生态保护响应的出发点。

响应是政府、组织或个人对生态保护投入的资金、技术、人员,制定的政策及政策的实施力度。压力是在生产生活中直接施加给生态环境的、使生态环境发生变化的直接因素,响应是政府、组织或个人对压力采取的防止、改善措施,包括政府减轻环境污染、规范资源开采等方面的措施及其结果,响应措施能够起到预防压力和缓解压力的作用。

3.1.2 经济高质量发展

通过前文第2章经济高质量发展内涵的文献综述发现,已经有学者提出了经济高质量发展的内涵,相关研究还在持续深入,研究视角不同,内涵的表述也不尽相同。本书的研究思路是基于经济高质量发展的内涵构建经济高质量发展评价指标体系,进而评价中原城市群经济高质量发展现状,根据研究需要,本书采用李伟

(2018)[139-140]、夏锦文等(2018)[141]、安淑新(2018)[142]等学者的观点,从经济高质量发展包含的具体内容这一视角对内涵进行界定:经济高质量发展,意味着高质量的供给、高质量的需求、高质量的配置、高质量的投入产出、高质量的收入分配和高质量的经济循环。

1. 高质量的供给

改革开放40余年,我国居民的基本消费已经得到了基本满足,达到饱和状态,但是处于价值链中高端的消费需求不断增加。推动高质量的供给,就是要满足人民群众美好生活需要,加快供给侧的转型升级,实现高水平的供需平衡。实现高质量的供给,要求调整产业结构,实现产业结构的转型升级,这样可以解决资源约束和成本上升问题,克服价值链低端的产品和服务出现供过于求、价格下降、企业盈利减少等问题。资源的有限性决定了随着粗放型经济的不断发展,资源的相对稀缺程度会不断提高,企业的成本会不断上升,高质量的供给,意味着要转变经济发展方式,走集约化发展道路。工资由劳动生产率决定,技术的进步和设备的改进使劳动生产率不断提高,工资不断提高,即企业劳动成本不断提高。劳动成本包括两种,即每单位劳动的成本和每单位产出的劳动成本,单位产出的劳动成本等于单位劳动的成本除以单位劳动的产出,在不可能降低单位劳动成本的情况下,降低企业劳动成本,意味着要降低单位产出的劳动成本,用技术替代劳动力是重要思路。高质量的供给,意味着要转换经济增长动力,依靠创新推动经济的发展。

2. 高质量的需求

高质量发展要求高质量的需求。我国居民的需求内涵不断扩展,对商品和服务的需求向多样化、个性化、多层次化发展,居民的需求层次不断提升,向人的全面发展和社会全面进步发展。中等收入群体规模庞大,具有广阔的内需市场,城市化率不断提高,这些是高质量需求的积极因素,但是仍然存在着一些消极因素抑制了居民的高质量需求,抑制了居民的消费能力和意愿。促进高质量的需求,要提升就业质量,提高居民的可支配收入,增加公共服务供给,减轻居民个人养老支出、医疗支出、教育支出的负担,释放居民被抑制的需求,通过高质量的需求带动供给端升级,促进供需在更高水平实现平衡。

3. 高质量的配置

要充分发挥市场配置资源的决定性作用,使自然资源、教育资源、医疗资源、人力资源等资源的配置效率提高。我国经济高速增长的原因之一是很好地实现了资源的配置,资源配置不平衡会制约经济高质量发展,高质量的配置是实现城市群高质量发展的重要保障。城市各种资源（自然环境方面、教育方面、医疗方面、人力资本方面）之间相关性较强，一个城市在自然环境方面具有优势，属于生态宜居城市，更容易吸引人才，进而提升城市的人力资本水平，提升城市的教育质量，提升城市的医疗服务水平。高质量的教育资源和人力资源为经济高质量发展提供智力支持，高质量的医疗资源为经济高质量发展提供服务，高质量的自然资源为经济高质量发展提供动力条件。高质量的发展要进一步提高自然资源、教育资源、医疗资源、人力资源等资源的配置有效水平，实现从低效率部门向高效率部门流动，实现高质量的配置。

4. 高质量的投入产出

一定的产出水平下投入最小，或者一定的投入下产出最大，是衡量经济发展质量和效率的重要标准。在短缺经济状态下，依靠资本、劳动、土地、能源等生产要素的投入，可以产生规模经济效应，实现经济的快速增长。当前，自然资源和劳动力资源等生产要素都面临瓶颈，必须从粗放型增长向集约型发展转变，提高投入产出水平，充分挖掘现有资源的潜力，依靠创新水平的提升和劳动者素质的提高，实现GDP 的增长、产业结构的升级、城市设施和民生的改善。通过创新提升实体经济投资回报率，实现内涵式发展；通过发挥人力资本红利提高劳动生产率，实现可持续发展；通过技术进步提高资源的利用程度，实现集约式发展。总之，通过高质量的投入产出水平的提高推动经济向高质量发展转变。

5. 高质量的收入分配

高质量发展要求高质量的收入分配。高质量的收入分配包含合理的初次分配和公平的再分配。初次分配环节要注重效率，实现资本、资源等要素的合理定价，发挥市场的基础性作用；再分配环节要注重公平，缩小收入差距，实现共同富裕，调节高收入、提升中等收入、保障低收入。收入分配是经济发展的动力，高质量的收入分配能够激发劳动等生产要素的积极性，有利于扩大中等收入群体的规模，进而提升消费能力，扩大高质量需求，提升经济发展质量。

6. 高质量的经济循环

高质量的经济循环是实现高质量配置的途径，有利于提升经济发展的可持续性。高质量的经济循环就是要畅通社会再生产过程，缓解供给和需求、金融和实体经济、房地产和实体经济的失衡，房地产价格长期脱离基本价值会产生房地产泡沫，对实体经济投资具有显著的负向影响，金融规模的上升增加负向影响，金融效率的提高减少负向影响（陈志刚等，2018）[187]。高质量的经济循环能够提升金融服务实体经济的能力,减少房地产投资对实体经济投资的抑制作用。

以上6个方面都实现高质量,将提高产品和服务的供给质量、实现消费升级、提高资源的配置效率、用有限的资源创造更多的财富、实现合理的初次分配和公平的再分配、缓解经济运行中存在的失衡,最终实现经济高质量发展。由于经济高质量发展内涵丰富,用单一指标进行评价有局限性,因此,本书尝试构建评价指标体系来评价经济高质量发展。

3.1.3 协同

"协同"一词源于古希腊语,本意为合作,属于协同学(synergetics)的基本范畴。《现代汉语词典》(第7版)对协同的解释是"各方互相配合或甲方协助乙方做某件事"。首次提出协同理论的哈肯(H. Haken,1969)教授认为,协同是整个系统中各部分之间的互相协作,在一定的条件下,整个系统通过相互作用形成了新的平衡,达到了兼顾外部环境和内部各系统的效果[188-189]。伊丹广之(H. Itami,1987)[190]在研究战略问题时,指出协同包括3个方面:一是系统内部各资源能力之间的契合,二是资源能力与外部环境的协同,三是战略内部的协同。以上观点的共同之处是,都强调协同是在系统运行过程中的合作、协调和同步。

综合以上学者的观点,本书将协同定义为系统内部两个或者两个以上不同的资源或者个体,合作完成某一目标,在结果上实现系统内部个体之间相互促进与发展。协同发展的过程离不开系统内部资源或者个体的配合,在协同发展的过程中,系统内部的资源或者个体不再是独立的、无规则的独立运行,而是资源或者个体相互配合、相互作用,结果是使整个系统从无序转变为有序。

协同作用产生的结果称为"协同效应",是两个或两个以上的个体相互作用产生的整体效应,这种整体效应是两个或两个以上的个体都不具备的,合作的效果超过两者的和(哈肯,1987)[189]。生态保护和经济高质量协同发展的协同效应是指生态保护系统和经济高质量发展系统相互作用下产生的整体效应,这种整体效应是生态保护系统和经济高质量发展系统单独都不具备的,协同效应创造出了单个系统不具备的功能,导致宏观水平上结构和功能的协作(孟昭华,1997)[191],有助于整个系统的稳定和有序(李京文等,1993)[192]。

3.2 相关理论

3.2.1 协同学理论

本书基于协同学理论,研究中原城市群的生态保护和经济高质量发展的关系,测度两者的协同程度,找出影响两者协同程度的因素,达到两者共同提升和相互促进的目的。因此,协同学理论是本书进行深入研究的一个最重要的理论。

协同学是由德国物理学家哈肯在1969年首次提出的,他认为,协同学是具体分析复杂系统中的空间、时间或功能结构,对其进行动力学和统计学的考察,探索自组织系统形成的统一原则,认识非平衡开放系统的稳定有序结构形成的条件、特征及其规律。协同学具有以下基本原理:(1)协同效应原理。各要素的协同作用会形成系统的有序性,协同作用是系统固有的内部作用力,起到"1+1>2"的效果。(2)支配原理。当系统接近不稳定点时,系统的动力学结构由少数几个集体变量决定,当达到某个新的阈值时,可能出现一个集体变量支配系统的状况。(3)自组织原理。系统具有使系统从不平衡状态恢复到平衡状态的能力,以外部能量输入为条件,达到新的平衡。

在研究中原城市群生态保护和经济高质量协同发展时,协同学理论的指导意义可归结为以下几点。

(1)中原城市群作为一个空间单元,必须要协同生态保护和经济发展,否则系统会处于无序状态,内耗很大,中原城市群中生态保护系统和经济高质量发展系统及其各要素的协同会使中原城市群形成区域发展各要素的合力,提升中原城市群整体实力。

(2)生态保护和经济高质量发展的自组织过程,两者不能是封闭的。按照自组织理论的要求,如果两个系统是封闭的,就不能与外部进行物质交换、能量交换和信息交换等,这样不利于发挥出中原城市群整体的功能,也不利于各城市的发展。

(3)要建立中原城市群自组织和控制的"组织"之间的协作。设定中原城市群协同发展的时间和空间条件,并随着外部条件的变化不断调整,是两者协同发展的必要条件。同时,平衡好两者之间的关系,满足了生产需求又不破坏生态环境。

3.2.2 可持续发展理论

可持续发展是1987年首次提出的。传统的发展模式片面追求经济效益,是一条高消耗、高污染的发展之路。可持续发展是人们反思以往模式之后创新出的新的理论。

生态保护和经济高质量协同发展与可持续发展的目标完全一致。一方面,可持续发展关注的一个很重要的方面是生态保护和经济高质量协同发展,引导系统从无序状态向有序状态转变;另一方面,协同发展是实现可持续发展的手段和方式。实现可持续发展离不开生态保护和经济高质量协同发展。

生态保护和经济高质量协同发展以可持续发展为基础,不仅强调生态保护和经济高质量发展的协同,还强调二者的发展,在保护生态环境的基础上稳步推进经济高质量发展。生态保护和经济高质量协同发展是在可持续发展理论的指导下,追求生态保护与经济高质量发展同步进行,确保改善当代人经济生活水平的同时,不影响子孙后代的发展。

可持续发展是研究生态保护和经济发展协同问题的理论基础,将生态系统和经济系统统一起来,强调发展经济的同时考虑保护和改善生态环境。可持续发展强调生态保护,但不是将生态保护与经济发展对立,可以通过经济高质量发展,解决生态保护问题。可持续发展是当代的基本发展理念,是研究生态保护和经济高质量协同发展问题的基础。

可持续发展具有以下基本原则。

(1)公平性原则。一是横向的公平,即资源分配和利用要公平,一个国家或地区的发展不能损害其他国家或地区的发展;二是纵向的公平,当代人不仅要考虑自己对资源的需求,也要考虑未来几代人对资源的需求。

(2)持续性原则。人类生活在大自然之中,从大自然中获得生产资料和生活资料不能无所限制,要以不破坏生态环境为前提,不过度消耗非再生资源,积极寻找替代资源,这样才能可持续发展。

(3)共同性原则。生态环境问题是全球性的,实现可持续发展不能只靠某一个地区或某一个国家的努力,而是需要全人类的协同合作,最终实现整个社会经济的可持续发展目标。

3.2.3　承载力理论

承载力是指物体在不产生任何破坏时所能承受的最大负荷。奎士纳在1758年将其引入生态承载力研究中,帕克和伯吉斯在1921年给出生态承载力的概念,EP. Odum 在1953年提出了生态承载力的数学表达式,使生态承载力可以进行定量化的研究[193]。

承载力能够评价生态环境与经济是否协同发展,它反映的是经济发展与生态环境的相互作用,既不是纯粹描述生态环境的概念,也不是纯粹描述经济发展的概念。

生态承载力具有如下特点。

(1)具有区域异质性。一个区域生态承载力如何是由这个区域的生态状况所决定的,有的区域生态承载力相对大,有的区域生态承载力相对小。同样的资源获取量或者生态排放量,有的区域在生态承载力范围内,有的区域则会超出生态承载力范围,即生态承载力具有区域异质性。

(2)生态承载力有效的前提条件是生态环境系统不发生变化。当外部作用力不超过该区域的最大生态承载力时,生态环境本身的结构特征、总体功能不会发生质的变化,能实现可持续发展。当超过该区域的最大生态承载力时,其本身的结构特征、总体功能就会发生质的变化,不能实现可持续发展。

(3)生态承载力存在极限值。由于资源的有限性,导致生态承载力存在极限值,超出极大值,生态系统将无法恢复,失去自我调整的能力,不利于人们的生产生活。

生态承载力的大小与经济活动中人类从生态环境中获取资源的方式和手段有关,产生的后果也不同。根据人类从生态环境中获取资源的方式和手段不同,生态承载力可以分为最大承载力、适度承载力、经济承载力3种类型。

最大承载力是指在一定的时间和空间范围内,充分利用资源,所能支持的最高的经济增长。如果区域比较小,承载力的不足可以通过进口来弥补,此时不存在最大承载力;如果区域足够大,无法全部通过进口弥补,生态承载力存在最大值,超过最大值,将会不可持续发展。

适度承载力是指在一定的时间和空间范围内,在生态系统所允许的承受范围内,通过各种技术手段和方式利用资源,所能支持的最高的经济增长。在生态系统所允许的承受范围内,科技进步可以不断提高资源的承载能力,如果超出系统所允许的承受范围,即使承载力得到提高也不能持续下去,也是一种不可持续发展。

经济承载力是指在一定的时间和空间范围内,从自然界获取生产资料和生活资料,实现资本、劳动、技术、数据等要素的最佳组合,使经济增长达到的最大值。如果经济承载力大于适度承载力,将会影响可持续发展。要实现良好发展,目标是经济承载力和适度承载力中较小者。如果前者大于后者,目标是后者;如果前者小于后者,目标是前者。

3.2.4 绿色经济理论

绿色经济是皮尔斯于1989年首次提出的。他认为绿色经济是一种平衡式经济,这种经济模式包括以下几个要点:绿色经济的前提是保护和改善生态环境,主要内容是珍惜并充分利用自然资源,增长方式是经济、社会、环境协调发展,目标是实现可持续发展。LW. Jacobs等(1990)[194]提出应将传统的生产函数进行扩充,将绿色经济纳入生产函数中,成为生产的基本要素。

绿色经济是对传统经济模式的一种创新,特点是在一定的生态条件下,既实现经济发展又不破坏生态环境。发展绿色经济要求经济发展不能以牺牲生态环境为代价,要使经济发展与生态环境相和谐。绿色经济成为可持续发展的必然要求,党的十八大将生态文明建设纳入中国特色社会主义事业"五位一体"总体布局中,强调绿色发展的重要性。党的十八届五中全会提出了五大发展理念,绿色发展是其中的一个重要内容。党的十九大报告中对绿色发展进行了全面的诠释。党的二十大报告提出"推动绿色发展,促进人与自然和谐共生""加快发展方式绿色转型"。

绿色经济是在生态系统和谐的条件下,追求经济系统的效率最大化,只有不断提升经济系统的效率才能保证在新的条件下生态系统与经济系统协调发展,才能保证在更高层次上生态系统与经济系统协同发展。

综上所述,协同理论、可持续发展理论、生态承载力理论和绿色经济理论从不同层面全方位、多角度地支撑了本书的研究工作,这四大理论相互融合,有机联系,奠定了本书的理论基础。

第4章 中原城市群生态保护和经济高质量发展的现状

4.1 中原城市群概况

本书以中原城市群作为研究样本,依据《中华人民共和国国民经济和社会发展第十三个五年规划纲要》(以下简称"十三五"规划纲要)、《国家新型城镇化规划(2014—2020年)》、《促进中部地区崛起"十三五"规划》、《中原城市群发展规划》,将该城市群做如下划分:中原城市群核心发展区包括河南省郑州市、开封市、洛阳市、平顶山市、新乡市、焦作市、许昌市、漯河市、鹤壁市、商丘市、周口市和山西省晋城市、安徽省亳州市;联动辐射城市包括河南省安阳市、濮阳市、三门峡市、南阳市、信阳市、驻马店市,河北省邯郸市、邢台市,山西省长治市、运城市,安徽省宿州市、阜阳市、淮北市、蚌埠市,山东省聊城市、菏泽市。地域范围涵盖河南、山东、河北、安徽、山西5个省。截至2021年底,中原城市群人口约19 077万人,GDP总量约87 922亿元,经济体量仅次于长三角、珠三角和京津冀等城市群,是中国经济发展的新增长极。

4.2 生态保护的现状

4.2.1 中原城市群生态保护的特点

中原城市群地处黄河流域。在2020年8月召开的第二十二届中国科协年会"区域协调发展论坛"上,以"黄河流域生态保护和高质量发展"为主题展开讨论。陆大道院士指出,黄河流域生态综合治理中面临的风险,一是黄土高原生态建设和治沟造地,二是黄河有限的水资源如何得到有效的利用。黄河流域森林覆盖率远低于长江流域,造成黄河水泥沙含量多、泥沙淤积使河床提高、黄河改道风险大、防洪抗洪难度增大的问题,一旦发生黄河改道,直接影响经济发展。虽然森林覆盖率的提高不能避免黄河的改道,但是可以延缓黄河改道的时间。金凤君(2019)[164]提出,推动黄河流域保护和高质量发展,要强化以水为核心的基础设施体系建设。张红武(2020)[195]认为,水资源是黄河流域协调生态与经济社会发展关系最为关键的制约因素。当前黄河流域存在的突出问题是全河水沙调控体系的主体构架还没形成。郭晗(2020)[104]提出,水资源供需矛盾等问题加大了黄河流域高质量发展与生态环境保护的难度。本书从中原城市群生态保护的特点出发,构建中原城市群生态保护评价指标体系。

4.2.2 生态保护评价指标体系构建

依据前文对生态保护概念的界定,生态保护是一个多维度的概念,用单一指标进行评价有局限性,因此,本书尝试构建评价指标体系来评价生态保护。为了使评价指标体系更为科学,在构建时要有充分的理论依据并遵循指标构建的基本原则。

1. 生态保护评价指标体系构建理论框架

PSR 模型是目前用于评价区域生态状况较成熟的方法之一。PSR 模型是压力(pressure)-状态(state)-响应(response)模型的简称,由 Friend 等学者于 20 世纪 70 年代提出,后经经济合作与发展组织(OECD)和联合国环境规划署(UNEP)两个组织进一步修改和完善,目前 PSR 模型已经被广泛应用于评价湿地保护、区域的生态安全、可持续发展等方面。在 PSR 模型中,压力、状态、响应 3 个子系统存在相互影响和相互制约的关系,这也体现了生态保护的全过程。

2. 生态保护评价指标体系构建原则

在构建生态保护评价指标体系的过程中,为呈现中原城市群生态保护的真实状况,应遵循以下原则。

(1)全面性与层次性。依据第 3 章生态保护的内涵,所构建的评价指标体系要涵盖生态保护的状态、压力、响应的内容,全面反映出生态保护的内涵,真实和科学地展现生态保护的现状,而且整个评价指标体系要具有层次性,不仅要设置生态保护的状态、压力、响应二级指标,在此基础上还要进一步设置三级指标。

(2)一致性与特殊性。在选择评价指标时,同国内外生态保护评价指标保持一致,保障所建立的指标体系具有广泛的应用前景。以一致性为前提,为最大限度地反映中原城市群生态保护的现状,紧密结合中原城市群生态保护的特点,选取具有代表性、能够反映出具有中原城市群特色的指标。

(3)独立性与可比性。在构建指标体系的过程中,三级指标中有的是单一指标,有的是复合指标,在选取复合指标时尽量保证独立性,避免出现指标烦琐冗余的现象,保证测度结果的质量。评价指标的选择应使不同年份、月份具有可比性,不同地理区域具有可比性,能够使结果呈现出时间上的变化趋势和空间上的分布趋势。

(4)可操作性。构建生态保护评价指标体系最基本的原则是要满足可操作性,如果选取的衡量指标不可观测,无法直接获取或间接计算,那就无法进行科学评价。本书研究的调查问卷方式可行性比较低,不满足可操作性原则,而各年统计年鉴中公开发布的统计数据是准确和权威的统计资料,并且满足可操作性,因此本书在构建评价指标体系时选取的指标都满足可操作性,可以通过公开发布的统计数据直接或间接表达出来。

3. 生态保护评价指标体系的内容

基于上述理论依据和构建原则,结合"十三五"规划纲要、《国家新型城镇化规划(2014—2020年)》、《促进中部地区崛起"十三五"规划》、《中原城市群发展规划》,又基于第2章生态保护研究成果,结合黄河流域生态保护的特点,从生态保护和经济高质量协同发展的视角出发,结合第3章生态保护的内涵,经过仔细对比与甄选后,构建的中原城市群生态保护评价指标体系见表4.1,各指标描述性统计见表4.2。

表4.1 中原城市群生态保护评价指标体系

一级指标	二级指标	三级指标	指标性质
生态保护	压力	单位GDP SO_2 排放量	逆指标
		单位面积工业废水排放量	逆指标
		单位面积工业 SO_2 排放量	逆指标
		SO_2 排放量/产生量	逆指标
		人均水资源消费总量	逆指标
	状态	水资源消费量/水存量	逆指标
		公园面积占建成区面积比重	正指标
		城市人均享有公园绿地面积	正指标
	响应	工业固体废物综合利用率	正指标
		城镇生活污水处理率	正指标
		生活垃圾无害化处理率	正指标

表 4.2　各指标描述性统计

指标名称	计量单位	平均值	标准差	最小值	最大值
单位 GDP SO_2 排放量	t/万元	445.47	788.20	43.75	6 472.10
单位面积工业废水排放量	t/km²	23.65	27.90	1.87	280.40
单位面积工业 SO_2 排放量	t/万 km²	5.46	9.98	0.40	74.18
SO_2 排放量/产生量	%	5.90	8.31	0.34	60.13
人均水资源消费总量	t/万人	217.25	138.64	48.70	881.81
水资源消费量/水存量	‰	1.80	1.60	0.07	10.33
公园面积占建成区比重	%	10.40	3.95	3.62	28.04
城市人均享有公园绿地面积	hm²/万人	8.39	4.07	1.13	23.25
城镇生活污水处理率	%	88.50	10.91	33.41	100
生活垃圾无害化处理率	%	88.66	15.20	27.10	100
工业固体废物综合利用率	%	84.97	17.91	31.54	100

数据来源：水资源数据来源于各省水资源公报，其他数据来源于《中国城市统计年鉴》及各省统计年鉴。

注：表中逆指标数据进行了正向化处理。

4. 权重设置

利用生态保护评价指标体系进行综合评价时，权重如何确定非常重要，每个指标权重的设定会关系到最终生态保护综合指数。已有研究成果对生态保护评价指标体系中各指标赋予权重时采用两类方法：一类是德尔菲法、层次分析法等主观赋值法，这类方法易于进行，但容易产生专家经验性偏误；另一类是主成分分析方法、因子分析方法、泰尔指数、熵值法、粗糙集等客观权重法，这些方法的一个共同的局限是，仅对某一时点进行截面的静态评价，难以对评价主体做出动态跨期评价（向艺等，2014）[196]。

本书数据都是面板数据，在分析结果中期望体现中原城市群各个城市生态保护状况的动态变化，为解决这一问题，本书在对评价指标赋予权重时采用动态因子分析法，该方法在多主体跨期变化趋势分析和评价中具有独特的优势，这使本书对生态保护状况的评价深入到动态层面，解决了仅对某一时点的生态保护状况进行静态评价的问题。本书引入动态因子分析法对中原城市群 2008—2021 年生态保护综合指标进行评价，这样既能够对中原城市群各个城市生态保护状况进行横向比较，又能够对同一城市不同时间上的生态保护状况进行动态比较，评价结果同时具有横向和纵向可比性，从而全面、科学剖析中原城市群生态保护的动态变化特征。

采用动态因子分析方法进行分析时,截面维度采用主成分分析方法进行处理,时间维度则采用线性回归方法进行处理,再综合确定各指标的权重。假设给定数组,即

$$X(I,J,T) = \{X_{ijt}\} \quad i=1,2,\cdots,I; j=1,2,\cdots,J; t=1,2,\cdots,T \quad (4.1)$$

式中,i 表示不同城市;j 表示不同指标;t 表示不同年份。将其协方差矩阵进行如下分解:

$$S = *S_I + *S_T + S_{IT} \quad (4.2)$$

其中,$*S_I$ 是主体静态结构矩阵,代表各城市跨期平均方差或协方差矩阵,体现了各城市独立于时间维度的相对结构差异;$*S_T$ 是平均动态变化矩阵,即各时期的平均方差或协方差矩阵,反映的是时间维度在消除各城市个体影响之后的动态差异;S_{IT} 是单个城市的动态差异矩阵,即城市和时间交互作用的方差或协方差矩阵,呈现了由单个城市变化和所有城市的总体平均水平变化而引起的动态差异。

指标可以进行如下分解:

$$X_{ijt} = \bar{X}_{*j*} + (\bar{X}_{ij*} - \bar{X}_{*j*}) + (\bar{X}_{*jt} - \bar{X}_{*j*}) + (X_{ijt} - \bar{X}_{ij*} - \bar{X}_{*jt} + \bar{X}_{*j*}) \quad (4.3)$$

该式是动态因子分析的模型,$\bar{X}_{*j*}$ 表示某一指标的总体平均值,$\bar{X}_{ij*} - \bar{X}_{*j*}$ 表示各城市静态结构的影响,没有考虑时间变化;$\bar{X}_{*jt} - \bar{X}_{*j*}$ 表示的是动态变化的影响,没有考虑个体差异;$X_{ijt} - \bar{X}_{ij*} - \bar{X}_{*jt} + \bar{X}_{*j*}$ 表示的是动态变化与个体结构差异交互作用产生的影响,该模型能够将总变异具体分解为两个部分,即

$$S = (*S_I + S_{IT}) + *S_T = S_T + *S_T \quad (4.4)$$

$$X_{*jt} = a_j + b_j t + e_{jt} \quad j=1,2,\cdots,J; t=1,2,\cdots,T \quad (4.5)$$

残差需要满足以下条件:

$$\text{cov}(e_{jt}, e_{jt'}) = \begin{cases} w_j & j=j'; t=t' \\ 0 & j \neq j'; t \neq t' \end{cases} \quad (4.6)$$

式(4.4)是静态结构差异和动态变化双重影响下变异的总和,其中,S_T 反映的是利用主成分分析产生的各时期平均离差矩阵;$*S_T$ 表示的是通过式(4.5)的线性回归模型所产生的不同时期的变异。

具体来说,采用动态因子分析法确定权重时,步骤如下:

(1) 对数据进行标准化处理记为 Z_{ijt}。

(2) 计算协方差矩阵 $S(t)$。

(3) 计算平均协方差矩阵 S_T,求出平均协方差矩阵的特征值、特征向量、各个特征值的方差贡献率和累计方差贡献率。

(4) 计算各个城市的平均得分矩阵。

$$C = (c_{ih})_{I \times J} \tag{4.7}$$

式中

$$c_{ih} = (\overline{z_i} - \overline{z_\#})' \times a_h \tag{4.8}$$

$$\overline{z_i} = \frac{1}{T}\sum_{t=1}^{T} z_{it} \tag{4.9}$$

$$\overline{z_\#} = \frac{1}{T}\sum_{t=1}^{T} z_i \tag{4.10}$$

$$z'_{it} = (z_{i1t}, \cdots, z_{iJt}) \tag{4.11}$$

其中,$h = 1, 2, \cdots, J$,a_h 为 S_T 的特征向量,$i = 1, 2, \cdots, I$,$t = 1, 2, \cdots, T$。

(5) 计算各个城市的动态得分矩阵。

$$C_t = (c_{iht})_{T \times J} \tag{4.12}$$

其中

$$c_{iht} = (\overline{z_{it}} - \overline{z_{\#t}})' \times a_h \tag{4.13}$$

$$\overline{z_{\#t}} = \frac{1}{I}\sum_{i=1}^{I} z_{it} \tag{4.14}$$

(6) 计算平均得分 E。

$$E = \sum_i d_i f_i \tag{4.15}$$

其中,d_i 为方差贡献率;f_i 为公因子。

4.2.3 生态保护测度过程

1. 数据来源与处理

本书采用 2008—2021 年中原城市群各城市面板数据,由于济源市历年数据不全,考虑数据的可得性,采取了与韩燕和邓美玲(2020)[2]、何韩吉等(2021)[3]同样的处理方法,选取除济源市之外的其他 29 个城市作为研究的样本。所用数据来源于《中国城市统计年鉴》(2009—2022)、《中国统计年鉴》(2009—2022)、《河南统计年鉴》(2009—2022)、《山东统计年鉴》(2009—2022)、《山西统计年鉴》(2009—2022)、《安徽统计年鉴》(2009—2022)、《河北经济年鉴》(2009—2022)、《河南省水资源公报》(2008—2021)、《山东省水资源公报》(2008—2021)、《山西省水资源公报》(2008—2021)、《安徽省水资源公报》(2008—2021)、《河北省水资源公报》

(2008—2021)等。在本书所采用的评价指标中,单位 GDP SO_2 排放量、单位面积工业废水排放量、单位面积工业 SO_2 排放量、SO_2 排放量/产生量、人均水资源消费总量、水资源消费量/水存量均属于逆指标,为了使生态保护得分便于解释,采用取倒数的方法将逆指标正向化,再进行标准化。

2. 动态因子分析过程

本书基于动态因子分析法,对所收集的中原城市群 2008—2021 年 11 个指标进行综合分析。首先,在原始数据标准化的基础上,建立变量的相关系数矩阵,通过计算协方差矩阵,得到因子特征值、方差贡献率和累计方差贡献率,见表 4.3。

表 4.3　因子特征值、方差贡献率和累计方差贡献率

因子	因子特征值	方差贡献率/%	累计方差贡献率/%
f_1	38.265 806	30.336 8	30.336 8
f_2	20.497 457	16.250 2	46.587
f_3	16.838 641	13.349 5	59.936 5
f_4	12.620 627	10.005 5	69.942 1
f_5	11.228 555	8.901 9	78.844
f_6	7.490 420	5.938 3	84.782 3
f_7	5.758 399	4.565 2	89.347 5
f_8	4.941 024	3.917 2	93.264 7
f_9	4.193 689	3.324 7	96.589 5
f_{10}	2.240 705	1.776 4	98.365 9
f_{11}	2.061 243	1.634 1	100

数据来源:作者计算。

由表 4.3 可知,前 6 个公因子的特征值大于 1 并且累计方差贡献率为 84.782 3%,分析结果比较理想,说明前 6 个公因子可以诠释 11 个变量的信息,因此提取前 6 个公因子作为中原城市群生态保护水平的计算因子。按照步骤(4)计算出各城市生态保护水平静态综合得分,见表 4.4。静态综合得分是不考虑时间因素的情况下各城市的生态保护得分情况,信阳市、亳州市、驻马店市得分位于前 3 名。

第 4 章 中原城市群生态保护和经济高质量发展的现状

表 4.4 各城市生态保护水平静态综合得分

城市	f_1	f_2	f_3	f_4	f_5	f_6	得分	排名
信阳市	1.520 27	0.470 96	-0.121 77	0.073 49	0.040 19	-0.076 08	1.907 05	1
亳州市	1.026 15	-0.165 40	-0.113 76	0.115 61	-0.036 65	0.054 52	0.880 47	2
驻马店市	0.445 32	0.120 42	0.258 00	0.012 41	-0.047 34	-0.011 62	0.777 18	3
周口市	0.546 63	0.069 99	0.115 16	0.018 79	0.011 25	-0.034 66	0.727 16	4
南阳市	0.203 75	0.271 30	-0.038 50	-0.016 32	0.122 51	0.026 05	0.568 79	5
宿州市	0.643 48	-0.121 95	-0.173 94	-0.102 72	0.059 13	0.048 47	0.352 48	6
阜阳市	0.565 30	-0.170 26	-0.084 09	-0.078 54	0.101 35	-0.009 12	0.324 63	7
商丘市	0.405 78	-0.209 22	-0.007 68	0.036 94	0.017 79	0.023 22	0.266 83	8
漯河市	0.055 34	-0.104 32	0.125 68	0.064 79	0.052 91	0.068 88	0.263 27	9
开封市	0.148 83	-0.123 88	0.222 21	-0.111 89	0.015 99	-0.013 92	0.137 33	10
菏泽市	0.293 22	-0.228 89	-0.015 57	0.082 02	-0.025 38	0.013 15	0.118 55	11
濮阳市	-0.312 40	-0.000 74	0.164 81	0.036 12	0.045 54	0.011 03	-0.055 65	12
聊城市	-0.143 97	-0.069 54	0.006 95	0.047 93	-0.024 12	0.037 19	-0.145 56	13
许昌市	-0.048 41	-0.167 89	0.105 65	0.010 89	-0.054 88	-0.039 28	-0.193 92	14
新乡市	-0.081 52	-0.174 92	0.139 36	-0.003 51	-0.061 89	-0.025 59	-0.208 07	15
蚌埠市	-0.130 95	-0.126 20	0.133 50	-0.053 15	0.024 45	-0.072 82	-0.225 17	16
安阳市	-0.063 54	-0.157 54	-0.000 45	-0.002 17	-0.063 03	-0.015 84	-0.302 58	17
邢台市	-0.435 45	0.031 32	0.022 45	0.073 19	0.017 46	-0.016 21	-0.307 23	18
运城市	0.076 35	-0.002 55	-0.218 61	-0.068 73	-0.122 57	0.025 29	-0.310 83	19
三门峡市	-0.397 71	0.452 79	-0.223 37	-0.095 12	-0.103 69	0.048 44	-0.318 71	20
淮北市	-0.416 88	-0.042 95	-0.057 10	0.115 26	0.080 20	0.001 49	-0.319 98	21
鹤壁市	-0.347 17	-0.085 69	0.079 56	-0.015 00	0.035 92	-0.004 28	-0.336 66	22
平顶山市	-0.420 60	-0.022 33	0.013 45	0.034 95	0.009 71	-0.022 05	-0.406 87	23
邯郸市	-0.824 20	0.198 01	-0.109 58	0.167 82	0.111 31	0.012 30	-0.444 34	24
晋城市	-0.435 05	0.156 81	-0.088 27	-0.001 96	-0.068 66	-0.012 68	-0.449 81	25
郑州市	-0.598 39	0.033 86	0.080 51	0.006 29	-0.023 32	-0.004 32	-0.505 37	26
长治市	-0.417 42	0.070 57	-0.118 44	-0.111 36	0.029 97	-0.010 61	-0.557 29	27
洛阳市	-0.469 39	0.144 31	-0.065 03	-0.134 97	-0.072 95	0.004 98	-0.593 05	28
焦作市	-0.387 35	-0.046 05	-0.031 11	-0.101 03	-0.071 22	-0.005 91	-0.642 67	29

数据来源：作者计算。

按照步骤(5)提取各城市第 t 年动态得分矩阵的前 6 个公因子 f_1-f_6，分别以 e_1-e_6 的方差贡献率作为各公因子的权重，计算各城市 2008—2021 年生态保护水平动态综合得分，结果见表4.5。

表 4.5 各城市 2008—2021 年生态保护水平动态综合得分

城市	2008	2009	2010	2011	2012	2013	2014	2015	2016	2017	2018	2019	2020	2021
信阳市	0.530	0.443	0.521	0.427	0.508	0.458	0.510	0.545	0.814	0.712	0.635	0.722	1.000	0.968
亳州市	0.583	0.506	0.467	0.419	0.440	0.432	0.435	0.392	0.328	0.427	0.376	0.371	0.372	0.297
驻马店市	0.370	0.304	0.309	0.287	0.298	0.287	0.304	0.278	0.314	0.510	0.523	0.220	0.755	0.789
周口市	0.433	0.424	0.425	0.337	0.312	0.293	0.290	0.248	0.312	0.503	0.551	0.483	0.446	0.349
南阳市	0.327	0.383	0.461	0.350	0.275	0.247	0.238	0.274	0.349	0.427	0.489	0.206	0.440	0.485
宿州市	0.373	0.356	0.298	0.232	0.279	0.273	0.293	0.297	0.308	0.459	0.461	0.257	0.234	0.205
阜阳市	0.342	0.368	0.365	0.345	0.344	0.344	0.349	0.348	0.284	0.334	0.255	0.275	0.170	0.125
商丘市	0.302	0.296	0.295	0.304	0.368	0.361	0.349	0.351	0.269	0.243	0.225	0.248	0.232	0.238
漯河市	0.250	0.246	0.187	0.213	0.325	0.273	0.224	0.299	0.340	0.286	0.307	0.259	0.438	0.424
开封市	0.256	0.206	0.210	0.216	0.198	0.227	0.230	0.193	0.234	0.283	0.403	0.388	0.347	0.319
菏泽市	0.255	0.264	0.256	0.329	0.319	0.292	0.282	0.270	0.247	0.253	0.267	0.279	0.179	0.165
濮阳市	0.176	0.222	0.184	0.205	0.211	0.201	0.206	0.207	0.206	0.279	0.361	0.274	0.207	0.216
聊城市	0.219	0.229	0.247	0.235	0.244	0.372	0.232	0.226	0.149	0.121	0.091	0.199	0.159	0.174
许昌市	0.155	0.183	0.178	0.179	0.185	0.184	0.186	0.188	0.235	0.233	0.207	0.246	0.189	0.209
新乡市	0.175	0.185	0.213	0.219	0.225	0.221	0.231	0.210	0.141	0.178	0.152	0.160	0.164	0.243
蚌埠市	0.218	0.185	0.191	0.212	0.212	0.202	0.205	0.213	0.197	0.200	0.158	0.113	0.149
安阳市	0.172	0.178	0.170	0.238	0.223	0.220	0.218	0.231	0.230	0.089	0.117	0.159	0.081	0.120
邢台市	0.122	0.164	0.162	0.168	0.119	0.189	0.203	0.210	0.197	0.123	0.128	0.176	0.237	0.234
运城市	0.225	0.279	0.253	0.311	0.209	0.211	0.210	0.194	0.160	0.072	0.038	0.160	0.036	0.063
三门峡市	0.090	0.113	0.162	0.251	0.126	0.105	0.127	0.148	0.140	0.151	0.182	0.306	0.265	0.232
淮北市	0.212	0.216	0.202	0.194	0.213	0.205	0.210	0.204	0.177	0.162	0.149	0.169	0.045	0.038
鹤壁市	0.167	0.173	0.164	0.181	0.190	0.186	0.195	0.196	0.174	0.153	0.153	0.194	0.094	0.128
平顶山市	0.133	0.138	0.164	0.175	0.191	0.186	0.201	0.214	0.198	0.119	0.090	0.141	0.096	0.099
邯郸市	0.140	0.149	0.119	0.090	0.064	0.148	0.176	0.184	0.216	0.166	0.159	0.234	0.113	0.079
晋城市	0.156	0.189	0.189	0.214	0.200	0.181	0.175	0.174	0.147	0.061	0.040	0.144	0.077	0.076
郑州市	0.094	0.115	0.149	0.154	0.175	0.157	0.165	0.135	0.121	0.044	0.029	0.110	0.226	0.187
长治市	0.180	0.151	0.118	0.144	0.149	0.152	0.144	0.155	0.143	0.069	0.070	0.152	0.001	0.086
洛阳市	0.084	0.065	0.083	0.108	0.128	0.129	0.148	0.148	0.094	0.127	0.145	0.096	0.123	0.132
焦作市	0.129	0.137	0.125	0.129	0.137	0.127	0.129	0.136	0.128	0.085	0.063	0.079	0.028	0.036

数据来源：作者计算。

4.2.4 生态保护测度结果分析

由表4.5和表4.6可以看出,信阳市的生态保护水平综合得分排在中原城市群的第一位,平均得分达到0.628 112,亳州市排在第二位,平均得分为0.417 451,从原始数据来看(表4.7),信阳市主要是在单位GDP SO_2 排放量、单位面积工业废水排放量、单位面积工业 SO_2 排放量、SO_2 排放量/产生量、人均水资源消费总量、水资源消费量/水存量、工业固体废物综合利用率指标上高于整个城市群,而在公园面积占建成区面积比重、城市人均享有公园绿地面积、城镇生活污水处理率、生活垃圾无害化处理率指标上低于整个城市群的平均值。亳州市主要是在单位面积工业废水排放量、单位面积工业 SO_2 排放量、人均水资源消费总量、水资源消费量/水存量、城镇生活污水处理率、生活垃圾无害化处理率、工业固体废物综合利用率指标上高于整个城市群,而在单位GDP SO_2 排放量、SO_2 排放量/产生量、公园面积占建成区面积比重、城市人均享有公园绿地面积指标上低于整个城市群的平均值。

由表4.5和表4.6可以看出,驻马店市、周口市、南阳市、宿州市、阜阳市的生态保护水平分别处于3~7位,平均得分在0.3~0.4,表明这些城市的生态保护状况在中原城市群中处较高水平。商丘市、漯河市、开封市、菏泽市、濮阳市、聊城市的综合得分处于8~13位,平均得分为0.2~0.3。许昌市、新乡市、蚌埠市、安阳市、邢台市、运城市、三门峡市、淮北市、鹤壁市、平顶山市、邯郸市、晋城市、郑州市、长治市、洛阳市、焦作市的综合得分处于14~29位,平均得分为0.1~0.2。

表4.6 各城市生态保护水平动态综合得分平均值

城市	平均得分	排名	类型	城市	平均得分	排名	类型
信阳市	0.628 112	1	联动辐射区城市	蚌埠市	0.190 565	16	联动辐射区城市
亳州市	0.417 451	2	核心发展区城市	安阳市	0.174 681	17	联动辐射区城市
驻马店市	0.396 255	3	联动辐射区城市	邢台市	0.173 726	18	联动辐射区城市
周口市	0.385 989	4	核心发展区城市	运城市	0.172 988	19	联动辐射区城市
南阳市	0.353 492	5	联动辐射区城市	三门峡市	0.171 370	20	联动辐射区城市
宿州市	0.309 102	6	联动辐射区城市	淮北市	0.171 109	21	联动辐射区城市
阜阳市	0.303 389	7	联动辐射区城市	鹤壁市	0.167 687	22	核心发展区城市
商丘市	0.291 526	8	核心发展区城市	平顶山市	0.153 280	23	核心发展区城市
漯河市	0.290 798	9	核心发展区城市	邯郸市	0.145 591	24	联动辐射区城市
开封市	0.264 954	10	核心发展区城市	晋城市	0.144 468	25	核心发展区城市

续表4.6

城市	平均得分	排名	类型	城市	平均得分	排名	类型
菏泽市	0.261 099	11	联动辐射区城市	郑州市	0.133 067	26	核心发展区城市
濮阳市	0.225 351	12	联动辐射区城市	长治市	0.122 412	27	联动辐射区城市
聊城市	0.206 903	13	联动辐射区城市	洛阳市	0.115 075	28	核心发展区城市
许昌市	0.196 978	14	核心发展区城市	焦作市	0.104 893	29	核心发展区城市
新乡市	0.194 075	15	核心发展区城市				

数据来源：作者计算。

中原城市群各城市生态保护水平动态综合得分平均值如图4.1所示。按照生态保护水平的高低可以将中原城市群的城市划分为4类：信阳市和亳州市的生态保护水平高于城市群内其他城市，属于第一类；驻马店市、周口市、南阳市、宿州市、阜阳市的生态保护水平属于第二类；商丘市、漯河市、开封市、菏泽市、濮阳市、聊城市的生态保护水平属于第三类；许昌市、新乡市、蚌埠市、安阳市、邢台市、运城市、三门峡市、淮北市、鹤壁市、平顶山市、邯郸市、晋城市、郑州市、长治市、洛阳市、焦作市的生态保护水平属于第四类。

表4.7　生态保护测度结果对比表

指标名称	指标性质	信阳市	亳州市	整个城市群
单位GDP SO_2 排放量	逆指标	1 112.306	648.888 8	781.850 9
单位面积工业废水排放量	逆指标	162 483.6	43 002.16	26 695.54
单位面积工业 SO_2 排放量	逆指标	26 131.59	12 944.93	9 780.053
SO_2 排放量/产生量	逆指标	12.098 2	2.0392 96	11.744 9
人均水资源消费总量	逆指标	383.451 7	560.305 4	220.411 7
水资源消费量/水存量	逆指标	0.018 881	0.008 479	0.003 875
公园面积占建成区面积比重	正指标	8.849 098	7.326 666	10.783 59
城市人均享有公园绿地面积	正指标	4.946 429	2.685 714	8.767 365
城镇生活污水处理率	正指标	84.052 86	91.274 29	90.408 47
生活垃圾无害化处理率	正指标	86.650 71	93.424 29	91.055 2
工业固体废物综合利用率	正指标	94.278 57	98.948 57	84.797 98

数据来源：水资源数据来源于各省水资源公报，其他数据来源于《中国城市统计年鉴》和各省统计年鉴，表中逆指标数值已经进行了正向化处理。

从表4.8和图4.2可以看出，2008—2021年生态保护水平综合得分联动辐射

第4章 中原城市群生态保护和经济高质量发展的现状

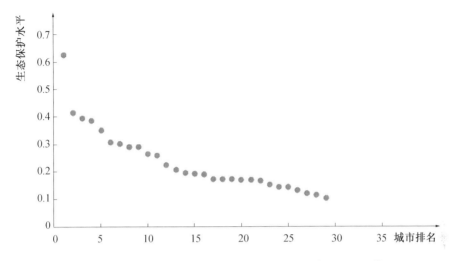

图 4.1 中原城市群各城市生态保护水平动态综合得分平均值
数据来源:根据表 4.6 绘制

区城市高于核心发展区城市,2008—2012 年两者差距呈现缩小趋势,2013—2021 年两者差距呈现扩大趋势。

表 4.8 核心发展区城市和联动辐射区城市生态保护综合得分对比表

年份	2008	2009	2010	2011	2012	2013	2014	2015	2016	2017	2018	2019	2020	2021
核心发展区城市	0.224	0.220	0.219	0.219	0.236	0.228	0.228	0.222	0.209	0.211	0.211	0.225	0.218	0.211
联动辐射区城市	0.247	0.250	0.251	0.251	0.237	0.244	0.244	0.249	0.259	0.258	0.258	0.247	0.252	0.258

数据来源:作者计算。

从表 4.9 可以看出,与 2008 年相比,2021 年生态保护综合得分排名上升的城市共有 13 个,分别是郑州市、开封市、洛阳市、平顶山市、新乡市、许昌市、漯河市、濮阳市、三门峡市、南阳市、信阳市、驻马店市、邢台市,其中属于核心发展区的城市有 7 个,属于联动辐射区的城市有 6 个。综合得分排名下降的城市共有 15 个,分别是晋城市、亳州市、焦作市、商丘市、周口市、安阳市、邯郸市、长治市、运城市、宿州市、阜阳市、淮北市、蚌埠市、聊城市、菏泽市,其中属于核心发展区的城市有 5 个,属于联动辐射区的城市有 10 个。综合得分排名不变的城市有 1 个,是鹤壁市。

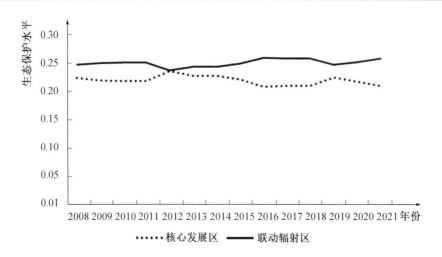

图 4.2　中原城市群核心发展区城市和联动辐射区城市生态保护变动趋势图
数据来源：根据表 4.8 绘制

表 4.9　各城市生态保护动态综合得分排名及变化情况

城市	年份														排名变化
	2008	2009	2010	2011	2012	2013	2014	2015	2016	2017	2018	2019	2020	2021	
晋城市	21	16	16	16	18	23	24	24	23	28	27	25	25	26	−5
亳州市	1	1	2	2	2	2	2	2	4	5	7	4	6	7	−6
郑州市	27	27	25	25	23	24	25	29	28	29	29	27	12	15	+12
开封市	9	15	13	15	19	12	12	21	12	9	6	3	7	6	+3
洛阳市	29	29	29	28	26	27	26	27	29	20	20	28	19	19	+10
平顶山市	24	25	21	23	20	21	20	13	17	23	24	26	22	23	+1
鹤壁市	20	21	22	21	21	20	21	19	20	18	17	17	23	20	0
新乡市	18	18	12	14	12	13	11	15	25	15	18	20	17	8	+10
焦作市	25	26	26	27	25	28	28	28	27	25	26	29	28	29	−4
许昌市	22	19	19	22	22	22	22	22	11	13	13	12	14	13	+9
漯河市	11	11	17	17	5	10	13	5	3	8	9	9	5	4	+7
商丘市	8	8	8	8	3	4	3	3	9	12	12	11	11	9	−1
周口市	3	3	4	5	7	6	7	10	3	2	2	3	3	5	−2
安阳市	19	20	20	11	13	14	14	11	13	24	22	22	24	22	−3
濮阳市	17	13	18	19	16	18	17	17	16	10	8	8	13	12	+5

续表4.9

城市	年份														排名变化
	2008	2009	2010	2011	2012	2013	2014	2015	2016	2017	2018	2019	2020	2021	
三门峡市	28	28	24	10	27	29	29	26	26	19	15	5	8	11	+17
南阳市	7	4	3	3	10	11	9	8	2	6	4	15	4	3	+4
信阳市	2	2	1	1	1	1	1	1	1	1	1	1	1	1	+1
驻马店市	5	7	6	9	8	8	5	7	5	2	3	14	2	2	+3
邯郸市	23	24	27	29	29	26	23	23	14	16	16	13	21	25	-2
邢台市	26	22	23	24	28	19	19	16	18	21	21	18	9	10	+16
长治市	16	23	28	26	24	25	27	25	24	27	25	24	29	24	-8
运城市	12	9	10	7	17	15	16	20	21	26	28	21	27	27	-15
宿州市	4	6	7	13	9	9	6	7	4	5	10	10	14		-10
阜阳市	6	5	5	4	4	5	4	4	8	7	11	7	16	21	-15
淮北市	15	14	14	20	14	14	17	17	19	17	19	26	28		-13
蚌埠市	14	17	15	18	15	17	18	14	15	14	23	20	18		-4
聊城市	13	12	11	12	11	3	10	12	22	9	23	16	18	16	-3
菏泽市	10	10	9	6	6	7	8	9	10	11	10	6	15	17	-7

注:表中最后一列"+"表示排名提升(位次),"-"表示排名后退(位次)。
数据来源:作者计算。

4.3 经济高质量发展现状

4.3.1 经济高质量发展评价指标体系构建

依据前文对经济高质量发展的概念界定,经济高质量发展是一个多维度的概念,用单一指标进行评价有局限性,因此,本书尝试构建评价指标体系来评价经济高质量发展。为了使评价指标体系更为科学,在构建时要有充分的理论依据并遵循指标构建的基本原则。

1.经济高质量发展评价指标体系构建的理论依据

经济高质量发展的测度是一个崭新的复杂课题,其理论依据是马克思主义政治经济学的理论,其中的基本理论——劳动价值理论认为,商品具有使用价值和交换价值二重属性,获取使用价值是人类从事生产活动的主要目标,随着生产力的不断发展,使用价值性能不断提升。马克思认为,当经济发展到以货币为媒介时,商品的使用价值和交换价值对立为供给方和需求方。如果供给方提供的商品在质量方面满足需求方需要,需求方愿意用货币购买,此时商品的交换价值得以实现(满足交换对质量的合意性要求);如果供给方提供的商品不能够满足需求方对使用价值的需要,使用价值无法转换为交换价值(不满足交换对质量的合意性要求)。当供给方众多时,具有高性价比的商品交换价值更容易实现,即质量竞争力。

依据马克思主义政治经济学的理论,经济高质量发展在微观上表现为产品的高质量,中观上表现为经济结构的高质量,宏观上表现为生产力的高质量。因此,经济高质量发展意味着高劳动生产率和高全要素生产率。一方面,劳动生产率影响居民的工资水平和收入水平,在劳动力成本提高和老龄化进程加快的双重作用下,中国的人口红利正在逐步消失,劳动生产率的提高主要依赖于劳动力的质量和技术水平;另一方面,经济高质量发展要求全要素增长率高于要素投入带来的增长,即经济的发展摆脱对生产要素投入的依赖,全要素生产率的提高主要依赖于资源配置效率的提升和技术的进步。具体来说,就是无论供给、需求、配置,还是投入产出、收入分配和经济循环等都必须高质量。

高质量的供给,要求走集约化发展道路,依靠创新推动经济的发展。高质量的需求要求具有广阔的内需市场,满足居民多样化、个性化、多层次化的需求,通过高质量的需求带动供给端升级,促进供需在更高水平实现平衡。高质量的投入产出,要求发挥人力资本红利提高劳动生产率,实现可持续发展。一定的产出水平下投入最小,或者一定的投入下产出最大,是衡量经济发展质量和效率的重要标准。实现高质量的配置,就是要提高自然资源、教育资源、人力资源等资源的配置效率。高质量的收入分配包含合理的初次分配和公平的再分配。高质量的经济循环就是要畅通生产、流通、分配、消费过程,缓解供给和需求、金融和实体经济、房地产和实体经济的失衡。

实现高质量发展,能够提高产品和服务的供给质量、实现消费升级、提高资源的配置效率、用有限的资源创造更多的财富、实现合理的初次分配和公平的再分配、缓解经济运行中存在的失衡,最终实现经济高质量发展。

2. 经济高质量发展评价指标体系构建的原则

与前文生态保护评价指标体系构建的原则相同,在构建经济高质量发展评价指标体系的过程中,本书遵循全面性与层次性、一致性与特殊性、独立性与可比性、可操作性原则。依据第 3 章经济高质量发展的内涵,构建的经济高质量发展评价指标体系涵盖高质量的供给、高质量的需求、高质量的配置、高质量的投入产出、高质量的收入分配和高质量的经济循环6个方面的内容,全面反映出经济高质量发展的内涵,真实和科学地展现经济高质量发展的现状,而且整个评价指标体系具有层次性,不仅设置高质量的供给、高质量的需求、高质量的配置、高质量的投入产出、高质量的收入分配和高质量的经济循环6个二级指标,在此基础上还进一步设置三级指标。在选择评价指标时,同国内外经济高质量发展评价指标保持一致,保障所建立的指标体系具有广泛的应用前景。以一致性为前提,为最大限度地反映中原城市群经济高质量发展的现状,紧密结合中原城市群经济高质量发展的特点,选取具有代表性的能够反映出具有中原城市群特色的指标。

3. 经济高质量发展评价指标体系的内容

基于上述理论依据和构建原则,结合国家"十三五"规划纲要、《国家新型城镇化规划(2014—2020年)》、《促进中部地区崛起"十二五"规划》、《中原城市群发展规划》,借鉴陈志刚(2018)[197]、何兴邦(2019)[198]、马茹(2019)[199]、王阳等(2019)[200]、张国兴等(2020)[201]、刘丽波(2020)[202]、张江洋等(2020)[203]、高志刚等(2020)[204]学者的研究成果,构建中原城市群经济高质量发展评价指标体系。

经济高质量发展评价指标体系的构建是本书的一个创新之处,前文第2章经济高质量发展内涵的文献综述中,李伟(2018)[139-140]、夏锦文等(2018)[141]、安淑新(2018)[142]已经从理论方面提出经济高质量发展包含6个方面这一观点(简称为六大内涵),并且对六大内涵进行了阐述。本书将这一理论研究成果应用到实证研究领域,以六大内涵为依据构建评价指标体系,测度中原城市群经济高质量发展状况,进一步展开实证研究,这一应用不仅拓展了六大内涵这一理论成果的应用范围,而且丰富了实证研究成果。

在构建经济高质量发展评价指标体系时,虽然没有学者从高质量的供给等6个方面构建评价指标体系,但是已有经济发展质量的研究成果中有部分经济高质量发展评价指标体系的内容,这些内容与经济高质量发展紧密联系,为经济高质量发展评价指标体系的构建提供启示。陈志刚(2018)[197]从高质量的经济循环角度选择指标,何兴邦(2019)[198]从收入分配角度选择指标,马茹(2019)[199]从高质量供给和高质量需求角度选择指标,王阳等(2019)[200]从体现效率(初次分配效率)、促进公平(初次分配公平、其他分配公平)的视角构建了收入分配评价指标体系,张国兴等(2020)[201]从资源配置角度选择指标,刘丽波(2020)[202]在构建区域经济高质量发展评价指标体系时从投入产出和收入分配角度选择指标,张江洋等(2020)[203]确立了投入指标和产出指标,高志刚等(2020)[204]在构建沿边省区高质量发展水平评价指标体系时从收入分配角度选择指标。虽然经济发展质量和经济高质量发展是两个不同的概念,但两者是紧密相连的,都以经济为主体,以质量为核心,强调质量的重要性,从质量的视角对经济成效的品质优劣进行揭示,因此本书借鉴了一些经济发展质量指标,同时注意到了两个概念之间的区别,经济增长质量侧重增长,经济高质量发展侧重发展,发展比增长的内涵丰富、范围宽泛,经济高质量发展中的"高"突出强调了质量的高级程度。中原城市群经济高质量发展评价指标体系见表4.10。

表4.10 中原城市群经济高质量发展评价指标体系

一级指标	二级指标	三级指标	指标性质
经济高质量发展	高质量供给	信息技术供给	正指标
		教育供给	正指标
	高质量需求	城镇化水平	正指标
		人均社会零售商品总额	正指标
	高质量投入产出	人均GDP	正指标
		劳动生产率	正指标
	高质量收入分配	劳动者报酬比重	正指标
		城镇和农村居民收入之比	逆指标
	高质量配置	资本配置效率	正指标
		市场化程度	正指标
		土地配置	正指标
	高质量经济循环	人力配置	正指标
		实体经济投资	正指标
		房地产业比重	逆指标
		人均金融机构贷款余额	正指标

在表4.10中,具体指标的计算方法如下:信息技术供给采用信息传输、计算机、软件业从业人员数占从业人员总数比重衡量;教育供给采用教育经费支出占GDP比重衡量;城镇化水平采用市辖区人口占总人口比重衡量;人均社会零售商品总额采用社会零售商品总额/人口数衡量;人均GDP用地区生产总值/人口数衡量;劳动生产率采用GDP/就业人数衡量;劳动者报酬比重采用在岗职工平均工资占GDP比重衡量;资本配置效率采用GDP/全社会固定资产投资衡量;市场化程度采用1-(财政支出/GDP)衡量;土地配置采用城市土地利用效率衡量,即市辖区第

二和第三产业产值/建成区面积；人力配置采用从业人员占人口比重衡量；实体经济投资采用扣除房地产的固定资产投资衡量，具体计算为固定资产投资－房地产投资；房地产业比重采用房地产业从业人数占从业人数比重衡量，具体计算为房地产业从业人数/从业人员总数，这一指标是逆指标，进行了正向化处理；人均金融机构贷款余额采用金融机构贷款余额/人口数衡量。各指标描述性统计见表4.11。

表 4.11 各指标描述性统计

指标名称	计量单位	均值	标准差	最小值	最大值
人均 GDP	元	16 670.05	6 596.23	4 924	36 356
资本配置效率	—	0.977 4	0.534 9	0.322 7	3.795 6
劳动生产率	元/人	27 011.12	12 222.39	8 030.42	64 824.88
信息技术供给	—	0.016 5	0.006 7	0.000 7	0.055 9
城镇化水平	—	0.223 4	0.115 8	0.043 7	0.568 6
教育供给	—	0.032 1	0.010 3	0.014 3	0.067 6
劳动者报酬比重	‰	0.004 8	0.002 8	0.000 9	0.017 5
人均社会零售商品总额	元/人	9 158.51	5 191.09	1 242.25	38 535.04
市场化程度	—	0.841 3	0.047 0	0.659 5	0.927 9
土地配置	万元/km^2	46 435.45	17 095.13	17 537.47	108 929
人力配置	—	74.681 9	262.236 4	0.026 5	2 175.169
城镇和农村居民收入之比	—	0.407 1	0.062 6	0.259 1	0.559 7
实体经济投资	万元	9 738 501	6 978 154	551 349	40 300 000
房地产业比重	—	66.987 0	63.771 9	9.648 2	465.999 9
人均金融机构贷款余额	元/人	17 629.13	20 312.2	2 348.202	183 435.3

数据来源：《中国城市统计年鉴》及各省统计年鉴。

注：表中逆指标数据进行了正向化处理。

4 权重设置

与前文对生态保护评价指标体系中各指标赋予权重时采用的方法相同，对经济高质量发展评指标体系中各指标赋予权重时采用动态因子分析法，这样既能够对中原城市群各个城市经济高质量发展状况进行横向比较，又能够对同一城市不同时间上的经济高质量发展状况进行动态比较，评价结果同时具有横向和纵向可比性，从而全面、科学剖析中原城市群经济高质量发展的动态变化特征。动态因子分析法的原理和计算步骤与本章中权重设置的内容相同。

4.3.2 经济高质量发展测度过程

1. 数据来源与处理

数据来源与本章4.2.3相同,在评价指标中,城镇和农村居民收入之比、房地产业比重均属于逆指标,为了使经济高质量发展综合得分便于解释,采用取倒数的方法将逆指标正向化,再将所有指标进行标准化处理。

2. 动态因子分析过程

本书基于动态因子分析法,对所收集的中原城市群2008—2021年15个指标进行综合分析。首先,在原始数据标准化的基础上,建立变量的相关系数矩阵,通过计算协方差矩阵,得到因子特征根、方差贡献率和累计方差贡献率,见表4.12。表中数据表明,6个公因子的特征值都大于1,累计方差贡献率为83.779%,分析结果比较理想,说明这6个公因子可以诠释15个变量的信息,因此提取前6个公因子作为中原城市群经济高质量发展水平的计算因子。按照本章4.2.2中权重设置时采用动态因子分析法的步骤(4),计算出各城市经济高质量发展静态得分,见表4.13。静态综合得分是不考虑时间因素的情况下各城市的经济高质量发展得分情况,郑州市、洛阳市、焦作市得分位于前三名。

表4.12 因子特征值、方差贡献率和累计方差贡献率

因子	特征值	方差贡献率	累计方差贡献率	因子	特征值	方差贡献率	累计方差贡献率
f_1	59.256 98	0.383 13	0.383 13	f_9	4.182 09	0.027 04	0.931 97
f_2	22.224 09	0.143 69	0.526 83	f_{10}	3.177 17	0.020 54	0.952 52
f_3	18.663 36	0.120 67	0.647 50	f_{11}	2.305 60	0.014 91	0.967 42
f_4	13.246 46	0.085 65	0.733 14	f_{12}	1.911 05	0.012 36	0.979 78
f_5	9.198 93	0.059 48	0.792 62	f_{13}	1.393 12	0.009 01	0.988 79
f_6	6.986 52	0.045 17	0.837 79	f_{14}	0.993 43	0.006 42	0.995 21
f_7	5.698 13	0.036 84	0.874 63	f_{15}	0.740 69	0.004 79	1.000 00
f_8	4.686 72	0.030 30	0.904 94				

数据来源:作者计算。

第 4 章 中原城市群生态保护和经济高质量发展的现状

表 4.13 各个因子静态综合得分

城市	f_1	f_2	f_3	f_4	f_5	f_6	综合得分	排名
郑州市	3.076 50	0.172 41	0.348 40	-0.000 88	0.089 93	-0.009 27	3.677 09	1
洛阳市	1.192 41	-0.150 27	0.104 18	-0.036 20	-0.043 68	-0.038 29	1.028 15	2
焦作市	0.882 31	-0.157 55	-0.181 02	0.050 25	-0.022 74	0.039 65	0.610 89	3
漯河市	0.667 61	0.270 10	-0.264 12	-0.057 32	0.039 55	-0.058 35	0.597 46	4
晋城市	0.243 23	0.107 55	-0.025 75	0.145 92	-0.004 71	0.030 76	0.497 00	5
许昌市	0.808 65	-0.274 10	-0.124 36	0.013 35	0.001 00	0.058 18	0.482 72	6
三门峡市	0.571 73	-0.022 93	-0.086 16	0.052 84	-0.054 30	0.018 43	0.479 60	7
淮北市	0.026 71	0.606 42	-0.121 20	-0.017 84	-0.082 36	0.023 76	0.435 49	8
鹤壁市	0.348 18	0.243 88	-0.250 37	-0.043 60	0.011 56	0.049 13	0.358 77	9
长治市	0.110 57	0.138 57	-0.014 05	0.102 00	0.018 65	-0.031 16	0.324 59	10
聊城市	0.366 64	-0.175 41	-0.111 05	0.057 57	0.010 35	-0.001 91	0.146 18	11
邯郸市	0.239 98	-0.148 79	0.003 61	0.029 28	-0.012 33	-0.040 45	0.071 29	12
蚌埠市	-0.043 67	0.137 23	-0.044 06	-0.022 86	-0.003 68	0.011 94	0.034 89	13
平顶山市	0.115 11	-0.056 66	-0.080 29	-0.032 97	-0.001 76	-0.056 46	-0.113 04	14
安阳市	0.062 77	-0.088 91	-0.046 08	-0.039 12	-0.010 23	-0.004 86	-0.126 44	15
开封市	-0.057 20	-0.088 36	-0.070 13	-0.035 08	0.022 56	0.031 78	-0.196 43	16
新乡市	0.067 23	-0.161 22	-0.030 73	-0.063 67	-0.008 27	-0.002 69	-0.199 35	17
濮阳市	-0.236 46	0.003 26	-0.039 27	-0.046 24	-0.023 08	-0.011 33	-0.352 96	18
南阳市	-0.118 73	-0.242 45	0.073 74	-0.071 77	-0.023 73	-0.033 21	-0.416 14	19
菏泽市	-0.383 25	-0.130 73	-0.061 91	0.116 86	0.032 50	-0.015 67	-0.442 20	20
运城市	-0.854 62	0.059 59	0.192 68	0.229 29	-0.086 99	0.002 34	-0.457 71	21
信阳市	-0.490 28	-0.074 12	0.126 78	-0.106 41	0.004 32	0.011 68	-0.528 03	22
邢台市	-0.749 99	-0.114 48	0.067 56	0.112 66	0.077 94	0.017 30	-0.589 00	23
宿州市	-0.863 95	0.228 63	0.098 95	-0.080 03	0.003 30	-0.011 63	-0.624 73	24
商丘市	-0.711 85	-0.067 69	0.102 62	-0.040 79	-0.023 84	-0.011 95	-0.753 51	25
亳州市	-1.064 42	0.241 52	0.055 91	-0.073 57	0.026 69	0.013 09	-0.800 80	26
驻马店市	-0.811 92	-0.175 00	0.062 87	-0.072 88	0.026 49	0.006 60	-0.963 84	27
周口市	-0.879 30	-0.216 09	0.132 37	-0.044 86	-0.000 63	0.026 44	-0.982 07	28
阜阳市	-1.513 99	0.135 62	0.180 89	-0.024 06	0.037 48	-0.013 83	-1.197 89	29

数据来源:作者计算。

按照本章 4.2.2 中步骤(5)提取各城市第 t 年动态得分矩阵的前 6 个公因子 $f_1 - f_6$，分别将 $e_1 - e_6$ 的方差贡献率作为各公因子的权重，计算 2008—2021 年中原城市群的经济高质量发展水平动态综合得分，结果见表 4.14。

表 4.14　2008—2021 年中原各城市群的经济高质量发展水平动态综合得分

城市	2008	2009	2010	2011	2012	2013	2014	2015	2016	2017	2018	2019	2020	2021
郑州市	0.4596	0.5254	0.5057	0.5065	0.5167	0.6066	0.6287	0.6991	0.7449	0.7878	0.8553	0.8929	0.7703	1.0000
洛阳市	0.2566	0.2521	0.2611	0.2824	0.3032	0.2989	0.2936	0.3005	0.3366	0.3917	0.3941	0.3886	0.4010	0.5020
焦作市	0.2865	0.2728	0.2761	0.2857	0.2941	0.2900	0.2902	0.2754	0.2783	0.3085	0.2887	0.2916	0.2457	0.2181
漯河市	0.2948	0.3083	0.2916	0.2763	0.2639	0.2547	0.2437	0.2565	0.2447	0.2561	0.2526	0.3011	0.3193	0.3128
晋城市	0.2392	0.2755	0.2715	0.2845	0.2913	0.2735	0.2465	0.2319	0.2414	0.2687	0.2387	0.2635	0.3207	
许昌市	0.2440	0.2105	0.2108	0.2169	0.2177	0.2219	0.2148	0.2241	0.2905	0.2926	0.2633	0.2962	0.3562	0.4071
三门峡市	0.2352	0.2331	0.2513	0.2539	0.2679	0.2417	0.2447	0.2613	0.3202	0.3102	0.2995	0.2440	0.2497	0.2485
淮北市	0.2312	0.2394	0.2574	0.2589	0.2721	0.2914	0.2792	0.2712	0.2507	0.2702	0.2368	0.2231	0.2472	0.2506
鹤壁市	0.2569	0.2610	0.2557	0.2404	0.2381	0.2071	0.2361	0.2541	0.2379	0.2495	0.2460	0.2466	0.2460	0.2651
长治市	0.2655	0.2501	0.2371	0.2732	0.2681	0.2362	0.2261	0.2081	0.1971	0.2061	0.2157	0.2445	0.2679	0.2806
聊城市	0.2366	0.2449	0.2419	0.2472	0.2523	0.2559	0.2371	0.2511	0.2389	0.2262	0.2218	0.2051	0.1697	0.1071
邯郸市	0.2687	0.2450	0.2336	0.2475	0.2400	0.2313	0.2141	0.2121	0.2304	0.2071	0.1885	0.1505	0.1447	0.1020
蚌埠市	0.1738	0.1798	0.1739	0.1754	0.1824	0.2114	0.2096	0.2117	0.1794	0.2175	0.2052	0.2528	0.2808	0.2043
平顶山市	0.2157	0.2035	0.2087	0.2174	0.1939	0.1779	0.1663	0.1715	0.1655	0.1609	0.1523	0.1725	0.1864	0.1859
安阳市	0.1960	0.1901	0.2131	0.2271	0.1994	0.1907	0.1828	0.2086	0.1924	0.1853	0.1330	0.1387	0.1147	
开封市	0.1385	0.1513	0.1770	0.1689	0.1794	0.1848	0.1837	0.1875	0.1947	0.1881	0.1823	0.1679	0.1701	0.1523
新乡市	0.1719	0.1512	0.1587	0.1762	0.1804	0.1889	0.1849	0.1927	0.1799	0.1777	0.1817	0.1647	0.1587	0.1541
濮阳市	0.1849	0.1570	0.1470	0.1309	0.1358	0.1806	0.1730	0.1775	0.1716	0.1622	0.1446	0.1453	0.1101	0.1205
南阳市	0.1928	0.1909	0.1902	0.1750	0.1672	0.1372	0.1264	0.1372	0.1381	0.1221	0.1121	0.1150	0.1234	0.1046
菏泽市	0.1223	0.1454	0.1378	0.1441	0.1612	0.1502	0.1484	0.1544	0.1455	0.1369	0.1463	0.1483	0.1236	0.1122
运城市	0.2188	0.1761	0.1552	0.1435	0.1422	0.1826	0.3026	0.1180	0.0903	0.0898	0.1041	0.0852	0.0728	0.0680
信阳市	0.1439	0.1304	0.1396	0.1209	0.1153	0.1479	0.1456	0.1567	0.1415	0.1355	0.1294	0.1201	0.1180	0.0764
邢台市	0.1337	0.1681	0.1591	0.1529	0.1537	0.1462	0.1270	0.1161	0.1167	0.1078	0.0637	0.0886	0.0682	
宿州市	0.1262	0.1150	0.1209	0.1183	0.1212	0.1142	0.1219	0.1311	0.1237	0.0938	0.1229	0.1206	0.1060	0.0935
商丘市	0.1224	0.1101	0.1148	0.1080	0.1024	0.0888	0.0864	0.1108	0.1199	0.0957	0.0872	0.1006	0.0983	0.0640

续表4.14

城市	年份													
	2008	2009	2010	2011	2012	2013	2014	2015	2016	2017	2018	2019	2020	2021
亳州市	0.142 5	0.128 4	0.116 1	0.108 7	0.100 5	0.096 1	0.088 4	0.070 2	0.052 3	0.046 7	0.067 1	0.101 8	0.119 1	0.085 4
驻马店市	0.092 8	0.097 7	0.099 9	0.093 9	0.079 1	0.073 8	0.067 8	0.071 6	0.073 7	0.061 0	0.058 1	0.052 7	0.066 0	0.037 4
周口市	0.055 0	0.089 3	0.088 6	0.082 6	0.094 1	0.077 5	0.079 6	0.082 6	0.064 2	0.059 9	0.039 6	0.062 1	0.070 9	0.045 6
阜阳市	0.063 9	0.067 4	0.074 7	0.051 4	0.035 4	0.011 0	0.031 5	0.012 5	0.011 9	0.002 2	0.001 0	0.076 1	0.091 4	0.067 9

数据来源：作者计算。

4.3.3 经济高质量发展测度结果分析

由表4.14、表4.15和图4.3可以看出，中心城市郑州市的经济高质量发展水平综合得分排在中原城市群的首位，平均得分达到0.678 534，2008年得分最低也达到0.459 6，远远高于城市群内其他城市，洛阳市的经济高质量发展水平综合得分排在中原城市群的第二位，平均得分达到0.333 049，焦作市、漯河市、晋城市、许昌市、三门峡市、淮北市、鹤壁市、长治市、聊城市、邯郸市、蚌埠市的经济高质量发展水平综合得分列第3~13位，并且平均得分为0.2~0.3，表明郑州市、洛阳市、焦作市、漯河市、晋城市、许昌市、三门峡市、淮北市、鹤壁市、长治市、聊城市、邯郸市、蚌埠市的经济高质量发展状况在中原城市群中处于较高水平。

表4.15 各城市经济高质量发展综合得分平均值

城市	平均得分	排名	类型	城市	平均得分	排名	类型
郑州市	0.678 534	1	核心发展区城市	开封市	0.173 334	16	核心发展区城市
洛阳市	0.333 049	2	核心发展区城市	新乡市	0.172 953	17	核心发展区城市
焦作市	0.278 629	3	核心发展区城市	濮阳市	0.152 919	18	联动辐射区城市
漯河市	0.276 876	4	核心发展区城市	南阳市	0.144 678	19	联动辐射区城市
晋城市	0.263 774	5	核心发展区城市	菏泽市	0.141 279	20	联动辐射区城市
许昌市	0.261 911	6	核心发展区城市	运城市	0.139 257	21	联动辐射区城市
三门峡市	0.261 505	7	联动辐射区城市	信阳市	0.130 085	22	联动辐射区城市
淮北市	0.255 751	8	联动辐射区城市	邢台市	0.122 133	23	联动辐射区城市
鹤壁市	0.245 745	9	核心发展区城市	宿州市	0.117 474	24	联动辐射区城市
长治市	0.241 288	10	联动辐射区城市	商丘市	0.100 678	25	核心发展区城市
聊城市	0.218 019	11	联动辐射区城市	亳州市	0.094 51	26	核心发展区城市

续表4.15

城市	平均得分	排名	类型	城市	平均得分	排名	类型
邯郸市	0.208 251	12	联动辐射区城市	驻马店市	0.073 246	27	联动辐射区城市
蚌埠市	0.203 504	13	联动辐射区城市	周口市	0.070 868	28	核心发展区城市
平顶山市	0.184 211	14	核心发展区城市	阜阳市	0.042 72	29	联动辐射区城市
安阳市	0.182 463	15	联动辐射区城市				

数据来源:作者计算。

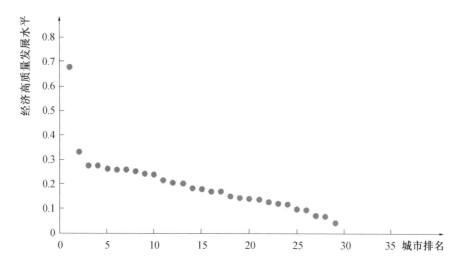

图4.3 中原城市群各城市经济高质量发展动态综合得分平均值

数据来源:图中各点数据来源于表4.15。

经济高质量发展测度结果对比表(表4.16)中的数据是郑州市、洛阳市与城市群整体经济高质量发展水平各项指标历年平均值,从原始数据来看,郑州市主要是在信息技术供给、城镇化水平、人均社会零售商品总额、人均GDP、劳动生产率、城镇和农村居民收入之比、市场化程度、土地配置、人力配置、实体经济投资指标上高于整个城市群,而在教育供给、劳动者报酬比重、资本配置效率、房地产业比重、人均金融机构贷款余额指标上低于整个城市群的平均值。洛阳市主要是在信息技术供给、城镇化水平、人均社会零售商品总额、人均GDP、劳动生产率、市场化程度、土地配置、人力配置、实体经济投资、人均金融机构贷款余额指标上高于整个城市群,而在教育供给、劳动者报酬、城镇和农村居民收入之比、资本配置效率、房地产业比重指标上低于整个城市群的平均值。

第4章 中原城市群生态保护和经济高质量发展的现状

表4.16 经济高质量发展测度结果对比表

指标名称	指标性质	计量单位	郑州市	洛阳市	平均值
信息技术供给	正指标	—	0.034 541	0.021 62	0.016 052
教育供给	正指标	—	0.019 535	0.022 576	0.032 318
城镇化水平	正指标	—	0.486 368	0.282 728	0.235 975
人均社会零售商品总额	正指标	元/人	28 450.81	16 815.06	10 523.05
人均GDP	正指标	元	35 323.43	24 730.64	16 746.05
劳动生产率	正指标	元/人	191 826.7	243 487.1	181 406.5
劳动者报酬比重	正指标	‰	0.001 296	0.002 335	0.005 236
城镇和农村居民收入之比	逆指标	—	0.533 702	0.360 131	0.421 957
资本配置效率	正指标	—	0.862 771	0.735 566	0.919 496
市场化程度	正指标	—	0.863 944	0.880 619	0.836 677
土地配置	正指标	万元/km²	87 705.47	67 325.18	52 791.76
人力配置	正指标	—	293.634 2	130.239 6	116.154 7
实体经济投资	正指标	万元	29 226 456	25 328 554	10 764 108
房地产业比重	逆指标	—	19.758 67	37.328 89	64.603 72
人均金融机构贷款余额	正指标	元/人	119 183.3	29 704.28	21 584.19

数据来源：《中国城市统计年鉴》及各省统计年鉴。

注：表中逆指标数据进行了正向化处理。

平顶山市、安阳市、开封市、新乡市、濮阳市、南阳市、菏泽市、运城市、信阳市、邢台市、宿州市、商丘市的综合得分处于14～25位，平均得分为0.1～0.2。亳州市、驻马店市、周口市、阜阳市的综合得分处于26～29位，平均得分为0～0.1。从表4.17和图4.4可以看出，整个研究期间，经济高质量发展水平综合得分核心发展区城市高于联动辐射区城市，2008—2014年经济高质量发展水平两类城市变化比较平稳，2015—2021年核心发展区城市经济高质量发展水平有上升的趋势，联动辐射区城市经济高质量发展水平有下降的趋势，两者差异逐步扩大。

表4.17 核心发展区城市和联动辐射区城市经济高质量发展综合得分对比表

年份	2008	2009	2010	2011	2012	2013	2014	2015	2016	2017	2018	2019	2020	2021
核心发展区城市	0.222	0.226	0.226	0.227	0.229	0.228	0.226	0.236	0.242	0.251	0.252	0.263	0.262	0.286
联动辐射区城市	0.180	0.177	0.177	0.176	0.175	0.175	0.177	0.169	0.164	0.157	0.156	0.147	0.148	0.129

数据来源：作者计算。

从表4.18可以看出，2008—2021年经济高质量发展综合得分排名上升的城市

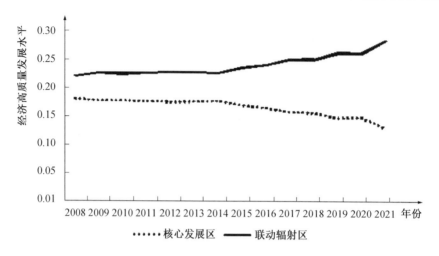

图 4.4 中原城市群核心发展区城市和联动辐射区城市经济高质量发展趋势图
数据来源：图中数据来源于表4.17。

共有 14 个，分别是菏泽市、开封市、蚌埠市、新乡市、晋城市、洛阳市、许昌市、淮北市、宿州市、平顶山市、濮阳市、三门峡市、阜阳市、周口市，其中核心发展区的城市有 7 个，联动辐射区的城市有 7 个。综合得分排名下降的城市共有 14 个，分别是亳州市、鹤壁市、安阳市、邢台市、长治市、商丘市、驻马店市、漯河市、南阳市、信阳市、焦作市、聊城市、运城市、邯郸市，其中核心发展区的城市有 5 个，联动辐射区的城市有 9 个。郑州市的经济高质量发展水平稳居中原城市群首位，在 2008—2021 年没有出现波动。

表 4.18 各城市经济高质量发展动态综合得分排名及变化情况

城市	年份														排名变化
	2008	2009	2010	2011	2012	2013	2014	2015	2016	2017	2018	2019	2020	2021	
晋城市	9	3	4	3	4	5	6	9	10	9	5	10	7	4	+5
亳州市	21	24	25	25	26	25	25	28	28	28	26	23	21	22	−1
郑州市	1	1	1	1	1	1	1	1	1	1	1	1	1	1	0
开封市	22	20	16	18	17	16	16	16	14	14	15	14	13	14	+8
洛阳市	7	6	5	4	2	2	3	2	2	2	2	2	2	2	+5
平顶山市	14	13	14	13	14	19	19	18	18	17	12	12	12	12	+2
鹤壁市	6	5	7	11	4	13	10	7	9	8	8	7	10	7	−1
新乡市	19	21	19	15	16	15	15	15	16	16	16	15	14	13	+6

第4章 中原城市群生态保护和经济高质量发展的现状

续表4.18

城市	年份														排名变化
	2008	2009	2010	2011	2012	2013	2014	2015	2016	2017	2018	2019	2020	2021	
焦作市	3	4	3	2	3	4	4	3	5	4	4	5	11	10	-7
许昌市	8	12	13	14	12	11	12	10	4	5	6	4	3	3	+5
漯河市	2	2	2	5	8	7	8	6	7	7	3	4	5		-3
商丘市	25	26	26	26	25	26	26	25	23	23	25	24	24	27	-2
周口市	29	28	28	28	27	27	27	26	27	27	28	28	28	28	+1
安阳市	15	15	12	12	13	14	17	13	13	14	19	16	16		-1
濮阳市	17	19	21	22	22	18	18	17	17	17	19	18	23	15	+2
三门峡市	11	11	8	8	7	8	7	5	3	3	3	9	8	9	+2
南阳市	16	14	15	17	18	23	23	21	21	21	22	22	18	19	-3
信阳市	20	23	22	23	24	21	21	19	20	20	20	21	22	23	-3
驻马店市	27	27	27	27	28	28	28	27	26	26	27	28	29	29	-2
邯郸市	4	8	11	9	10	10	13	11	11	11	13	16	15	20	-16
邢台市	23	18	18	19	20	22	24	24	22	23	27	26	24		-1
长治市	5	7	10	6	6	9	4	13	12	12	8	6	6		-1
运城市	13	17	20	21	21	17	2	23	25	25	24	25	27	25	-12
宿州市	24	25	24	24	24	24	22	22	24	24	21	20	20	21	+3
阜阳市	28	29	29	29	29	29	29	29	29	29	29	26	25	26	+2
淮北市	12	10	6	7	5	3	5	4	6	6	9	11	9	8	+4
蚌埠市	18	16	17	16	15	12	14	12	12	15	11	5	6	11	+7
聊城市	10	9	9	10	9	6	9	8	8	10	10	13	19	18	-8
菏泽市	26	22	23	20	19	20	20	19	18	19	18	17	17	17	+9

注:表中"+"表示排名上升,"-"表示排名下降。

数据来源:作者计算。

4.4 本章小结

本章根据前文生态保护的内涵和经济高质量发展的内涵,借鉴专家、学者对生态保护和经济高质量发展评价指标体系构建的经验,通过构建综合评价指标体系测度生态保护状况和经济高质量发展状况,采用动态因子分析法确定指标权重,得出生态保护和经济高质量发展的测度结果,具体研究结论如下。

从生态保护状况来看,信阳市和亳州市的生态保护状况的平均值处于中原城市群前两位,驻马店市、周口市、南阳市、宿州市、阜阳市的生态保护状况在中原城市群中处于较高水平。2008—2021 年生态保护水平综合得分联动辐射区城市高于核心发展区城市,2008—2012 年两者差距呈现缩小趋势,2013—2021 年两者差距呈现扩大趋势。

从经济高质量发展状况来看,郑州市的经济高质量发展状况远远高于城市群内其他城市,在整个研究期内稳居中原城市群首位,洛阳市的经济高质量发展水平综合得分排在中原城市群的第二位,焦作市、漯河市、晋城市、许昌市、三门峡市、淮北市、鹤壁市、长治市、聊城市、邯郸市、蚌埠市的经济高质量发展状况在中原城市群中处于较高水平。整个研究期间,核心发展区城市的经济高质量发展水平综合得分高于联动辐射区城市,在 2008—2014 年经济高质量发展水平两类城市变化比较平稳,在 2015—2021 年核心发展区城市经济高质量发展水平有上升的趋势,联动辐射区城市经济高质量发展水平有下降的趋势,两者差异逐步扩大。

第5章 中原城市群生态保护和经济高质量协同发展的测度

通过前文的理论分析发现,生态保护和经济高质量发展可以协同,现阶段中原城市群的生态保护和经济高质量发展之间是否具有协同发展关系,两者相互促进的程度如何,是中原城市群发展面临的关键问题,本章借助耦合协调度评价模型对这些问题进行分析。

5.1 生态保护和经济高质量协同发展测度模型

5.1.1 生态保护和经济高质量协同发展的机理

生态保护系统和经济高质量发展系统之间存在着客观的动态协同关系,按照系统的内在运行规律和工作方式,在耦合系统中各个子系统和各个组成要素遵循一定的运行逻辑,按照互惠共生的路径演进发展。该耦合系统既具有生态保护和经济高质量发展的双重效益,又具有双重属性和功能,由经济高质量供给、需求、配置、投入产出、循环等组成的经济高质量发展系统反映了中原城市群的经济属性和功能,由压力、状态、响应组成的生态保护系统反映了中原城市群的生态保护属性和功能,两个子系统在一定环境条件下相互联系、彼此影响,共同作用于一个矛盾的统一体中。首先,生态保护是经济得以高质量发展的前提条件,为经济高质量发展提供承载、供给和保障;其次,经济活动对生态环境产生影响,经济高质量发展不仅为生态保护提供财力,而且由于经济高质量发展是集约型配置方式,为生态保护创造条件,避免粗放型的经济发展方式对生态环境产生负外部性影响,造成水体污染、资源枯竭等生态环境问题。因此,实现生态保护和经济高质量协同发展不能超过环境的最大承载界限,同样的经济发展质量环境代价最小,同样的环境代价经济发展质量最高,实现两者协同发展程度的提升。

5.1.2 协同发展测算方法梳理

协同发展是对两个以上子系统同步程度的测量,测度协同发展的研究方法分为以下3类。

第一类是从相关性角度进行研究,通常使用离差系数法、结构方程模型、联立方程模型、灰色关联分析法、基尼系数法等。杨士弘(1994)[205]采用离差系数法对协同问题进行评价。王继军等(2010)[206]和肖新成等(2014)[207]利用结构方程模型对协同问题进行评价。万伟伟等(2013)[208]采用联立方程模型对协同问题进行评价。汪阳洁等(2015)[209]运用灰色关联分析法对协同问题进行评价。钟晓青等(2008)[210]、Y. Chen等(2018)[211]应用几何法求解洛伦兹曲线的梯形面积,从而确定生态承载基尼系数与经济贡献基尼系数。陈晓杰等(2020)[212]利用洛伦兹曲线来描绘武汉城市圈的生态足迹与生态承载力之间的实际分配曲线,分析生态足迹与生态承载力之间的匹配程度。

第二类是从多个子系统之间的相互作用角度进行考量,常用的测算方法主要有复合系统协调模型、投入产出法、数据包络分析法、耦合协调模型等。史亚琪等(2010)[213]通过构建复合系统协调模型,对连云港市经济与环境协同度进行测算。赵小峰等(2018)[214]采用数据包络法构建了投入产出模型对协同问题进行评价。肖静等(2019)[215]采用数据包络分析法对协同问题进行评价。刘波等(2020)[216]和宁朝山等(2020)[217]采用耦合协调度模型对协同问题进行评价。

第三类是对系统的协同共生进行分析,常用的方法是采用共生模型、博弈模型对系统的协同演化进行分析。刘满凤等(2016)[218]在功效函数、发展度模型的基础上构建经济与环境协同演化测度模型,衡量两个系统通过各自的序参量产生相互作用、彼此影响的程度。苏妮娜等(2020)[219]构建企业之间基于有限理性假设的演化博弈模型,计算系统演化的数值解及不同初始创新概率下策略演化趋势。

5.1.3 协同发展测度模型的构建

通过对前面章节的理论分析发现,中原城市群生态保护和经济高质量协同发展具有如下特征。

1. 耦合协调特征

生态保护系统和经济高质量发展系统所组成的二元系统是多层次的、复杂的开放系统,系统由无序到有序的关键是协调一致程度,倘若系统内各要素之间能衔接配合得当,实现耦合协调,将有助于解决发展过程中面临的掣肘问题,并通过发挥协同效应使系统达到最优状态。例如,经济高质量发展减少了物资的重复使用,满足了保护生态环境的需求,而良好的生态环境又为经济高质量发展提供了物质条件,两者实现了功能互补、调节顺畅的良性循环状态,激发要素潜能,促进系统整体功能倍增。生态保护与经济高质量发展的耦合协调要求各子系统发展步调一致、各方力量强弱得当。一个子系统的发展过于超前或者滞后,会破坏组织形态的合理有序,影响生态保护与经济高质量协同发展,导致整个复合系统的退步。

2. 联动共生特征

"联动"原意是指事物和关联事物的同频(联合)运动。"共生"是指两种不同生物之间彼此提供有利于对方生存的帮助,两者互利生存。把联动共生的概念引入到生态保护与经济高质量发展的协同关系研究中,可以描述两者彼此依存、相互促进、和谐互动的演化规律,经济高质量发展有利于保护生态环境,良好的生态环境为经济高质量发展提供必要条件。两者在时间和空间维度上存在协调一致性,彼此的存在和发展都以另一方为依托条件,有利于协同过程达到既定的目标,两者相互合作、相互激励。

由于中原城市群生态保护和经济高质量协同发展具有上述两点特征,本书认为采用耦合协调度模型来测度两者协同发展最为恰当,因此采用这种方法构建协同发展的测度模型。本书研究涉及生态保护系统和经济高质量发展系统,所以耦合协调度模型为

$$C = \frac{\sqrt{A(x) \times B(y)}}{A(x) + B(y)} \tag{5.1}$$

式 5.1 中,C 为两个子系统的耦合度,其值为 $0 \sim 1$。$A(x)$ 和 $B(y)$ 分别表示生态保护状况和经济高质量发展状况,耦合度为 0 和 1 分别表示两个子系统无序和共振,属于比较少见的情况,大多数系统之间的耦合度为 $0 \sim 1$,耦合度越大,表示两个系统之间的差距越小。

本书借鉴曹丽斌等(2017)[220]、李晨曦(2018)[221]的研究,采用中值分段法进行分类:当 $0 < C \leq 0.3$ 时,系统处于低水平耦合阶段;当 $0.3 < C \leq 0.5$ 时,系统处于拮抗阶段;当 $0.5 < C \leq 0.8$ 时,系统处于磨合阶段;当 $0.8 < C \leq 1$ 时,系统处于高水平耦合阶段。

由于耦合协调度模型只能说明各系统的差距大小,会出现部分城市生态保护水平和经济高质量发展水平都比较低,但是两者的耦合度较高的情况,难以反映两个系统的整体协同效应,因此采用离差模型原理来构建生态保护系统和经济高质量发展系统的耦合协调度模型,可表示为

$$D = \sqrt{C \times T} \tag{5.2}$$

$$T = \alpha A(x) + \beta B(y) \tag{5.3}$$

式中,D 表示耦合协调度,反映生态保护和经济高质量协同发展的程度;C 表示耦合

度;T 表示生态保护和经济高质量发展的综合协调指数,α 和 β 为待定系数。借鉴张文等(2019)[222]、刘波等(2020)[223]的研究,认为生态保护和经济高质量发展同样重要,本书将 α、β 赋值为 0.5。

为了更直观地反映生态保护和经济高质量发展的协同发展状况,参照朱晓柯等(2019)[224]、朱林芳等(2020)[225]的做法,将耦合协调度划分为 10 个等级,耦合协调度等级划分标准见表 5.1,表中相邻两组的上限和下限重叠数值按照"不限不在组内"的原则进行处理,即恰好等于本组上限的数值不在本组,而在下一组内,比如:某城市耦合协调度值是 0.1,不在 0 ~ 0.1 组,而在 0.1 ~ 0.2 组。

表 5.1　耦合协调度等级划分标准

耦合协调度值	耦合协调度等级	耦合协调度值	耦合协调度等级
0 ~ 0.1	极度失衡	0.5 ~ 0.6	勉强协调
0.1 ~ 0.2	严重失衡	0.6 ~ 0.7	初级协调
0.2 ~ 0.3	中度失衡	0.7 ~ 0.8	中级协调
0.3 ~ 0.4	轻度失衡	0.8 ~ 0.9	良好协调
0.4 ~ 0.5	濒临失衡	0.9 ~ 1	优质协调

数据来源:朱晓柯等(2019)、朱林芳等(2020)的论文。

借鉴刘文琦(2019)[226]的做法,在每一个等级下又进一步根据生态保护与经济高质量发展的对比关系划分为 3 类:当 $0 \leq |A(x) - B(y)| \leq 0.1$ 时,为生态保护和经济高质量发展同步型(第Ⅰ种类型);当 $A(x) - B(y) > 0.1$ 时,为经济高质量发展滞后型(第Ⅱ种类型);当 $B(y) - A(x) > 0.1$ 时,为生态保护滞后型(第Ⅲ种类型)。

5.2　生态保护和经济高质量协同发展测度结果

以前文计算出的生态保护水平和经济高质量发展水平为基础,根据测度模型计算出两个系统的耦合度、综合协调指数、耦合协调度。表 5.2 表明,中原城市群各城市生态保护和经济高质量发展耦合度为 0.060 9 ~ 0.500 0,整体耦合水平偏低,漯河市、新乡市、平顶山市、许昌市、安阳市、菏泽市、开封市、聊城市、蚌埠市、濮阳市、鹤壁市、三门峡市、运城市、邢台市、邯郸市耦合度为 0.4 ~ 0.5,处于拮抗阶段,洛阳市、商丘市、南阳市、宿州市、淮北市、晋城市、焦作市、亳州市、信阳市、周口市、驻马店市、郑州市、阜阳市、长治市有部分年份耦合度为 0 ~ 0.3,处于低水平耦合阶段。说明中原城市群各城市生态保护状况和经济高质量发展状况一致性偏

第 5 章 中原城市群生态保护和经济高质量协同发展的测度

低,导致耦合度偏低。

由于耦合度模型反映的是生态保护和经济高质量发展之间相互作用的强弱,会出现部分城市生态保护水平和经济高质量发展水平都比较低,但是两者的耦合度较高的情况,为全面反映生态保护和经济高质量协同发展的整体状况,经计算得到 2008—2021 年生态保护和经济高质量发展耦合协调度,见表 5.3。

表 5.2 2008—2021 年生态保护和经济高质量发展耦合度

城市	2008	2009	2010	2011	2012	2013	2014	2015	2016	2017	2018	2019	2020	2021
晋城市	0.488 7	0.491 2	0.491 8	0.495 0	0.491 3	0.489 6	0.492 7	0.492 7	0.487 2	0.401 0	0.337 1	0.484 5	0.418 5	0.393 0
亳州市	0.397 3	0.401 7	0.399 4	0.404 4	0.389 2	0.385 7	0.374 7	0.359 1	0.344 4	0.298 0	0.358 4	0.411 0	0.428 6	0.416 6
郑州市	0.376 0	0.384 3	0.418 9	0.423 1	0.434 8	0.404 5	0.406 1	0.368 2	0.347 2	0.223 4	0.178 1	0.312 1	0.419 0	0.364 3
开封市	0.477 4	0.494 1	0.498 2	0.496 2	0.499 4	0.497 1	0.496 9	0.499 0	0.497 5	0.489 8	0.463 2	0.459 2	0.469 9	0.467 7
洛阳市	0.431 6	0.403 3	0.427 0	0.447 8	0.456 8	0.459 1	0.472 5	0.470 1	0.412 8	0.430 1	0.443 7	0.399 1	0.423 4	0.406 0
平顶山市	0.485 6	0.490 7	0.496 3	0.497 0	0.500 0	0.499 9	0.497 7	0.497 0	0.498 0	0.494 5	0.483 2	0.497 5	0.473 9	0.476 4
鹤壁市	0.488 6	0.489 5	0.487 8	0.495 0	0.496 1	0.499 3	0.497 7	0.495 8	0.493 0	0.485 6	0.486 0	0.496 5	0.447 5	0.468 9
新乡市	0.500 0	0.497 5	0.494 6	0.497 1	0.497 4	0.498 0	0.497 0	0.499 3	0.496 1	0.500 0	0.497 9	0.500 0	0.499 0	0.487 3
焦作市	0.462 4	0.471 5	0.463 0	0.462 7	0.465 3	0.461 0	0.460 1	0.470 2	0.464 8	0.411 0	0.383 0	0.410 1	0.304 1	0.350 2
许昌市	0.487 3	0.498 8	0.498 3	0.497 7	0.498 4	0.497 8	0.498 7	0.498 1	0.497 2	0.496 6	0.496 4	0.497 9	0.475 8	0.473 1
漯河市	0.498 3	0.496 9	0.488 0	0.495 8	0.497 3	0.499 7	0.499 6	0.498 5	0.493 3	0.499 3	0.497 6	0.498 6	0.493 8	0.494 3
商丘市	0.452 4	0.444 4	0.449 1	0.439 9	0.412 8	0.398 5	0.398 9	0.427 2	0.461 5	0.450 2	0.448 5	0.453 2	0.457 0	0.408 5
周口市	0.316 3	0.379 5	0.378 0	0.397 3	0.422 4	0.406 7	0.411 3	0.433 1	0.376 0	0.308 2	0.250 1	0.317 8	0.344 2	0.319 7
安阳市	0.498 9	0.499 7	0.496 8	0.499 0	0.499 3	0.498 1	0.498 0	0.499 3	0.496 6	0.464 1	0.487 0	0.498 0	0.482 2	0.499 1
濮阳市	0.499 8	0.492 7	0.496 9	0.487 6	0.488 2	0.499 3	0.498 1	0.498 5	0.497 9	0.482 0	0.451 9	0.475 9	0.476 1	0.479 4
三门峡市	0.447 0	0.469 2	0.488 2	0.500 0	0.466 5	0.459 8	0.474 2	0.480 7	0.460 1	0.469 4	0.485 0	0.496 8	0.498 8	0.499 7
南阳市	0.483 1	0.471 2	0.454 8	0.471 5	0.485 2	0.479 2	0.476 5	0.471 8	0.445 5	0.415 9	0.389 7	0.479 5	0.413 5	0.382 0
信阳市	0.409 8	0.419 1	0.408 3	0.414 7	0.388 3	0.429 1	0.415 5	0.416 7	0.355 4	0.366 5	0.374 7	0.349 7	0.307 5	0.260 3
驻马店	0.400 3	0.429 0	0.429 5	0.431 0	0.407 1	0.403 2	0.386 0	0.403 7	0.392 7	0.308 9	0.300 2	0.394 8	0.272 0	0.207 9
邯郸市	0.474 7	0.484 7	0.473 1	0.442 2	0.408 1	0.487 9	0.497 6	0.498 4	0.499 7	0.497 0	0.498 2	0.488 1	0.496 5	0.496 0
邢台市	0.499 5	0.500 0	0.500 0	0.499 4	0.496 1	0.495 9	0.486 6	0.479 5	0.477 9	0.499 8	0.498 1	0.442 2	0.445 1	0.417 8
长治市	0.490 7	0.484 4	0.470 5	0.475 2	0.479 3	0.488 1	0.487 5	0.494 5	0.493 6	0.432 5	0.429 3	0.486 5	0.060 9	0.424 0
运城市	0.499 9	0.487 1	0.485 5	0.464 7	0.490 4	0.498 7	0.491 7	0.485 0	0.480 1	0.497 0	0.443 6	0.476 4	0.469 7	0.499 7
宿州市	0.434 5	0.429 5	0.452 9	0.472 9	0.459 4	0.456 0	0.455 5	0.461 3	0.452 1	0.375 5	0.407 6	0.466 1	0.473 7	0.463 7
阜阳市	0.364 2	0.361 7	0.375 3	0.336 0	0.290 8	0.173 3	0.275 4	0.182 5	0.196 0	0.080 6	0.062 1	0.412 0	0.477 0	0.477 3
淮北市	0.499 5	0.499 4	0.496 5	0.494 6	0.496 2	0.492 3	0.494 4	0.495 0	0.492 8	0.484 0	0.486 8	0.495 5	0.361 2	0.337 5
蚌埠市	0.496 8	0.500 0	0.499 5	0.497 8	0.498 5	0.499 9	0.499 0	0.500 0	0.500 0	0.499 0	0.499 6	0.486 2	0.452 6	0.493 9
聊城市	0.499 6	0.499 7	0.500 0	0.499 9	0.499 5	0.491 4	0.500 0	0.499 3	0.486 5	0.476 6	0.454 5	0.498 5	0.495 3	0.485 6
菏泽市	0.468 1	0.478 6	0.477 0	0.460 4	0.472 6	0.473 4	0.475 4	0.481 2	0.482 9	0.477 4	0.478 2	0.476 2	0.491 6	0.490 9

数据来源:作者计算。

表5.3 2008—2021年生态保护和经济高质量发展耦合协调度

城市	2008	2009	2010	2011	2012	2013	2014	2015	2016	2017	2018	2019	2020	2021
晋城市	0.3107	0.3377	0.3365	0.3513	0.3473	0.3338	0.3224	0.3212	0.3038	0.2462	0.2283	0.3045	0.3775	0.3947
亳州市	0.3796	0.3571	0.3411	0.3267	0.3242	0.3192	0.313	0.2879	0.2555	0.2657	0.2819	0.4409	0.4589	0.399
郑州市	0.3227	0.3509	0.3702	0.3739	0.3878	0.3931	0.4015	0.3918	0.3878	0.3048	0.2806	0.5594	0.6462	0.6576
开封市	0.3067	0.2972	0.3105	0.3091	0.3071	0.32	0.3207	0.3084	0.3267	0.3396	0.368	0.5051	0.4928	0.4694
洛阳市	0.2712	0.253	0.2709	0.2958	0.3138	0.3136	0.3231	0.3246	0.298	0.334	0.346	0.44	0.4708	0.5074
平顶山市	0.2908	0.2895	0.304	0.3122	0.3104	0.3016	0.3024	0.3098	0.3008	0.2633	0.242	0.3951	0.366	0.3685
鹤壁市	0.3218	0.3258	0.3198	0.3229	0.326	0.3136	0.327	0.3339	0.3187	0.3127	0.311	0.4679	0.3903	0.4296
新乡市	0.2944	0.289	0.3033	0.3133	0.3174	0.3197	0.3214	0.317	0.2823	0.2983	0.2881	0.4031	0.4017	0.44
焦作市	0.3098	0.3107	0.3051	0.3097	0.3165	0.31	0.3113	0.3111	0.3075	0.2842	0.259	0.39	0.2886	0.2986
许昌市	0.3117	0.3133	0.3113	0.3138	0.317	0.3173	0.3163	0.3203	0.3615	0.3613	0.3418	0.5197	0.5093	0.5398
漯河市	0.3683	0.3712	0.3419	0.3483	0.3825	0.3631	0.3418	0.3723	0.3798	0.3678	0.3731	0.5286	0.6117	0.6035
商丘市	0.3103	0.3005	0.3034	0.301	0.3114	0.2993	0.2946	0.2996	0.2762	0.2648	0.397	0.3888	0.3514	
周口市	0.2776	0.3119	0.3111	0.2888	0.2929	0.2745	0.2755	0.2675	0.2662	0.294	0.2717	0.4162	0.4215	0.3551
安阳市	0.3029	0.3032	0.3086	0.3413	0.325	0.32	0.3159	0.3315	0.3195	0.2555	0.2713	0.3815	0.3253	0.3423
濮阳市	0.3003	0.3055	0.2863	0.2863	0.2908	0.3085	0.3075	0.3096	0.3065	0.3261	0.338	0.4465	0.3885	0.4018
三门峡市	0.2695	0.2851	0.3177	0.3551	0.3032	0.2823	0.2968	0.3134	0.3254	0.3294	0.3418	0.5229	0.5074	0.4899
南阳市	0.3544	0.3676	0.3847	0.3517	0.3274	0.3035	0.2946	0.3117	0.3269	0.3378	0.3422	0.3923	0.4825	0.4745
信阳市	0.3716	0.3467	0.3671	0.337	0.3479	0.3608	0.369	0.3822	0.4122	0.3941	0.3787	0.5421	0.5861	0.5215
驻马店市	0.3044	0.2935	0.2965	0.2865	0.2769	0.2691	0.2681	0.2656	0.2759	0.296	0.2952	0.3281	0.4725	0.4144
邯郸市	0.3115	0.3089	0.289	0.2735	0.2492	0.3043	0.3116	0.3143	0.3339	0.3047	0.2943	0.433	0.3575	0.2996
邢台市	0.2527	0.2879	0.2835	0.2833	0.2602	0.2886	0.2833	0.2795	0.2694	0.2447	0.2425	0.3252	0.3807	0.3556
长治市	0.3307	0.3116	0.2892	0.3147	0.3162	0.3084	0.3004	0.2995	0.29	0.2438	0.2477	0.4393	0.1279	0.3943
运城市	0.3332	0.3328	0.3148	0.3251	0.293	0.3132	0.3549	0.2749	0.245	0.2008	0.1778	0.342	0.2256	0.2561
宿州市	0.3294	0.3181	0.3082	0.2878	0.3032	0.2971	0.307	0.3149	0.3122	0.3223	0.345	0.4197	0.4094	0.3722
阜阳市	0.2718	0.2806	0.2874	0.2579	0.2348	0.1754	0.2289	0.1814	0.1705	0.116	0.0893	0.3803	0.3528	0.3038
淮北市	0.3325	0.3373	0.3374	0.3346	0.3469	0.3495	0.3482	0.343	0.3243	0.3238	0.3063	0.4408	0.3249	0.3121
蚌埠市	0.3121	0.3019	0.3017	0.3106	0.3135	0.3214	0.317	0.3254	0.3254	0.3067	0.3229	0.4469	0.4224	0.4178
聊城市	0.3375	0.344	0.3496	0.3473	0.3524	0.3928	0.3424	0.3453	0.307	0.2877	0.2667	0.4286	0.3721	0.3696
菏泽市	0.2971	0.3129	0.3064	0.3299	0.337	0.3236	0.3202	0.3194	0.308	0.305	0.3144	0.4509	0.3855	0.3687

数据来源:作者计算。

由表5.4可知,研究期内,经计算得到的各城市生态保护和经济高质量发展耦合协调度取值范围平均值为0.2380—0.4163,按照前文耦合协调度的划分标准,分别属于濒临失衡型、轻度失衡型、中度失衡型。郑州市、漯河市、信阳市属于濒临失衡型，占城市总数的10.345%；许昌市、南阳市、开封市、三门峡市、聊城市、鹤壁市、洛阳市、淮北市、亳州市、蚌埠市、菏泽市、宿州市、濮阳市、新乡市、晋城市、安阳市、商丘市、邯郸市、平顶山市、驻马店市、周口市、焦作市、长治市属于轻度失衡型，占城市总数的79.31%；邢台市、运城市、阜阳市属于中度失衡型，占城市总数的10.345%。

表5.4 生态保护和经济高质量发展耦合协调度平均值

城市	平均值	协调等级	排名	城市	平均值	协调等级	排名
郑州市	0.4163	濒临失衡	1	濮阳市	0.3288	轻度失衡	16
漯河市	0.4110	濒临失衡	2	新乡市	0.3278	轻度失衡	17
信阳市	0.4084	濒临失衡	3	晋城市	0.3226	轻度失衡	18
许昌市	0.3682	轻度失衡	4	安阳市	0.3174	轻度失衡	19
南阳市	0.3608	轻度失衡	5	商丘市	0.3152	轻度失衡	20
开封市	0.3558	轻度失衡	6	邯郸市	0.3133	轻度失衡	21
三门峡市	0.3529	轻度失衡	7	平顶山市	0.3112	轻度失衡	22
聊城市	0.3459	轻度失衡	8	驻马店市	0.3103	轻度失衡	23
鹤壁市	0.3444	轻度失衡	9	周口市	0.3090	轻度失衡	24
洛阳市	0.3402	轻度失衡	10	焦作市	0.3080	轻度失衡	25
淮北市	0.3401	轻度失衡	11	长治市	0.3010	轻度失衡	26
亳州市	0.3394	轻度失衡	12	邢台市	0.2884	中度失衡	27
蚌埠市	0.3390	轻度失衡	13	运城市	0.2850	中度失衡	28
菏泽市	0.3342	轻度失衡	14	阜阳市	0.2380	中度失衡	29
宿州市	0.3320	轻度失衡	15				

数据来源：作者计算。

1. 濒临失衡型

由表5.3和表5.4可知，中原城市群中心城市郑州市耦合协调度最高，平均值为0.4163，整体处在0.2806~0.6576之间，耦合协调度在2008—2018年有小幅度波动，2019-2021年呈现稳定上升趋势。漯河市和信阳市耦合协调度分别是第二、三位，漯河市耦合协调度平均值为0.4110，整体处在0.3418~0.6117之间，2008—2018年有小幅度波动，2019-2021年呈现稳定上升趋势。信阳市耦合协调度平均值为0.4084，整体处在0.337~0.5861之间，呈现波动上升趋势。

2. 轻度失衡型

由表 5.3 和表 5.4 可知,许昌市、南阳市、开封市、三门峡市、聊城市、鹤壁市、洛阳市、淮北市、亳州市、蚌埠市、菏泽市、宿州市、濮阳市、新乡市、晋城市、安阳市、商丘市、邯郸市、平顶山市、驻马店市、周口市、焦作市、长治市属于轻度失衡型,许昌市耦合协调度平均值为 0.368 2,整体处在 0.311 4~0.539 8 之间;南阳市耦合协调度平均值为 0.360 8,整体处在 0.294 6~0.482 7 之间;开封市耦合协调度平均值为 0.355 8,整体处在 0.297 2~0.505 1 之间;三门峡市耦合协调度平均值为 0.352 9,整体处在 0.269 5~0.522 9 之间;聊城市耦合协调度平均值为 0.345 9,整体处在 0.266 7~0.428 6 之间;鹤壁市耦合协调度平均值为 0.344 4,整体处在 0.311 2~0.467 9 之间;洛阳市耦合协调度平均值为 0.340 2,整体处在 0.253~0.507 4 之间;淮北市耦合协调度平均值为 0.340 2,整体处在 0.306 3~0.440 8 之间;亳州市耦合协调度平均值为 0.339 4,整体处在 0.255 8~0.458 9 之间;蚌埠市耦合协调度平均值为 0.339 0,整体处在 0.301 7~0.446 9 之间;菏泽市耦合协调度平均值为 0.334 2,整体处在 0.297 1~0.450 9 之间;宿州市耦合协调度平均值为 0.332 0,整体处在 0.287 8~0.419 7 之间;濮阳市耦合协调度平均值为 0.328 8,整体处在 0.286 3~0.446 6 之间;新乡市耦合协调度平均值为 0.327 8,整体处在 0.282 3~0.44 之间;晋城市耦合协调度平均值为 0.322 6,整体处在 0.228 3~0.394 7 之间;安阳市耦合协调度平均值为 0.317 4,整体处在 0.255 5~0.381 4 之间;商丘市耦合协调度平均值为 0.315 2,整体处在 0.264 8~0.397 3 之间;邯郸市耦合协调度平均值为 0.313 2,整体处在 0.249 2~0.433 1 之间;平顶山市耦合协调度平均值为 0.311 2,整体处在 0.242~0.395 1 之间;驻马店市耦合协调度平均值为 0.310 3,整体处在 0.265 6~0.472 5 之间;周口市耦合协调度平均值为 0.309 0,整体处在 0.266 2~0.421 7 之间;焦作市耦合协调度平均值为 0.308 0,整体处在 0.259~0.39 之间;长治市耦合协调度平均值为 0.301 0,整体处在 0.127 9~0.439 3 之间。

3. 中度失衡型

由表 5.3 和表 5.4 可知,邢台市、运城市、阜阳市属于中度失衡型。邢台市耦合协调度平均值为 0.288 4,整体处在 0.242 3~0.380 7 之间,2009—2018 年有小幅度波动,2019—2021 年呈现稳定上升趋势。运城市耦合协调度平均值为 0.285 0,整体处在 0.177 8~0.354 9 之间,2008—2018 年呈现波动下降趋势,2019—2021 年呈现倒 V 形变化;阜阳市耦合协调度平均值为 0.238 0,整体处在 0.089 3~0.380 3 之间,2008—2018 年呈现波动下降趋势,2019—2021 年呈现倒 V

第5章 中原城市群生态保护和经济高质量协同发展的测度

形变化。

通过对比表 5.5 和图 5.1、图 5.2、图 5.3 发现,在 2008—2021 年的整个研究期内,核心发展区城市的耦合协调度高于联动辐射区城市。在 2008—2018 年,二者的差距较小,2019—2021 年,二者的差距呈现扩大的趋势,核心发展区城市的协同发展呈现逐渐上升的趋势,联动辐射区城市的协同发展呈现逐渐下降的趋势。

表 5.5 核心发展区城市和联动辐射区城市协同发展对比表

年份	2008	2009	2010	2011	2012	2013	2014	2015	2016	2017	2018	2019	2020	2021
核心发展区城市	0.314	0.316	0.318	0.321	0.327	0.321	0.321	0.322	0.314	0.304	0.297	0.444	0.448	0.447
联动辐射区城市	0.313	0.315	0.314	0.314	0.305	0.307	0.310	0.307	0.303	0.287	0.286	0.420	0.383	0.381
二者差异	0.001	0.001	0.004	0.007	0.022	0.014	0.011	0.015	0.011	0.017	0.011	0.024	0.065	0.066

数据来源:作者计算。

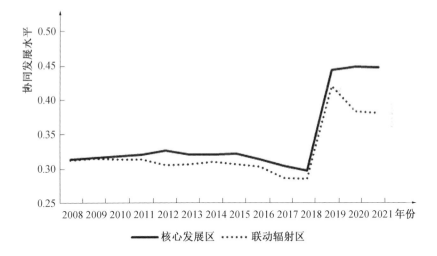

图 5.1 中原城市群核心发展区城市和联动辐射区城市协同发展对比图
数据来源:图中数据来源于表 5.5。

从生态保护状况和经济高质量发展状况的对比来看(表 5.6),生态保护和经济高质量发展同步的(表中用 Ⅰ 表示)数量为 191 个,占比为 47.04%;经济高质量发展滞后于生态保护的(表中用 Ⅱ 表示)数量为 137 个,占比为 33.74%;生态保护滞后于经济高质量发展的(表中用 Ⅲ 表示)数量为 78 个,占比为 19.21%。从具体城市来看,平顶山市和新乡市整个研究期内生态保护和经济高质量发展同步,亳

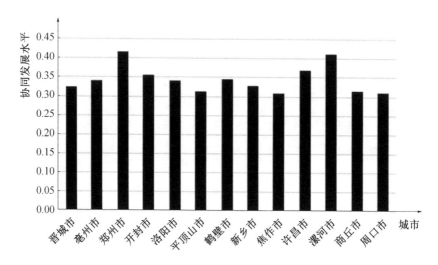

图 5.2　中原城市群核心发展区城市协同发展平均值
数据来源:图中数据来源于表 5.4。

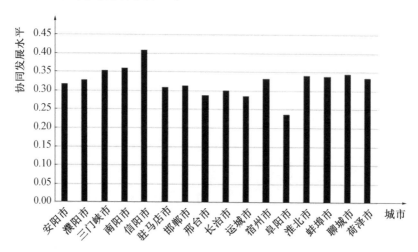

图 5.3　中原城市群联动辐射区城市协同发展平均值
数据来源:图中数据来源于表 5.4。

州市、商丘市、周口市、信阳市、驻马店市、宿州市整个研究期内经济高质量发展滞后生态保护,郑州市、洛阳市、焦作市整个研究期内生态保护滞后于经济高质量发展。晋城市、开封市、鹤壁市、许昌市、漯河市、安阳市、濮阳市、邯郸市、邢台市、运城市、淮北市、蚌埠市、聊城市多数年份生态保护和经济高质量发展同步,南阳市、阜阳市、菏泽市多数年份经济高质量发展滞后于生态保护,三门峡市多数年份生态

第5章 中原城市群生态保护和经济高质量协同发展的测度

保护滞后于经济高质量发展。长治市在研究期内有一半年份生态保护和经济高质量发展同步，有一半年份生态保护滞后于经济高质量发展。

上述分析对于各个城市相关政策的制定具有重要的启示，为促进生态保护和经济高质量协同发展，平顶山市、新乡市、晋城市、开封市、鹤壁市、许昌市、漯河市、安阳市、濮阳市、邯郸市、邢台市、运城市、淮北市、蚌埠市、聊城市应关注生态保护和经济高质量发展的同步提升，亳州市、商丘市、周口市、信阳市、驻马店、宿州市、南阳市、阜阳市、菏泽市应更多关注经济高质量发展水平的提升。郑州市、洛阳市、焦作市、三门峡市、长治市应更多关注生态保护水平的提升。

表5.6 生态保护和经济高质量发展同步情况

城市	2008	2009	2010	2011	2012	2013	2014	2015	2016	2017	2018	2019	2020	2021
晋城市	Ⅰ	Ⅰ	Ⅰ	Ⅰ	Ⅰ	Ⅰ	Ⅰ	Ⅰ	Ⅰ	Ⅲ	Ⅲ	Ⅰ	Ⅲ	Ⅲ
亳州市	Ⅱ	Ⅱ	Ⅱ	Ⅱ	Ⅱ	Ⅱ	Ⅱ	Ⅱ	Ⅱ	Ⅱ	Ⅱ	Ⅱ	Ⅱ	Ⅱ
郑州市	Ⅲ	Ⅲ	Ⅲ	Ⅲ	Ⅲ	Ⅲ	Ⅲ	Ⅲ	Ⅲ	Ⅲ	Ⅲ	Ⅲ	Ⅲ	Ⅲ
开封市	Ⅱ	Ⅰ	Ⅰ	Ⅰ	Ⅰ	Ⅰ	Ⅰ	Ⅰ	Ⅰ	Ⅰ	Ⅰ	Ⅰ	Ⅱ	Ⅱ
洛阳市	Ⅲ	Ⅲ	Ⅲ	Ⅲ	Ⅲ	Ⅲ	Ⅲ	Ⅲ	Ⅲ	Ⅲ	Ⅲ	Ⅲ	Ⅲ	Ⅲ
平顶山市	Ⅰ	Ⅰ	Ⅰ	Ⅰ	Ⅰ	Ⅰ	Ⅰ	Ⅰ	Ⅰ	Ⅰ	Ⅰ	Ⅰ	Ⅰ	Ⅰ
鹤壁市	Ⅰ	Ⅰ	Ⅰ	Ⅰ	Ⅰ	Ⅰ	Ⅰ	Ⅰ	Ⅰ	Ⅰ	Ⅰ	Ⅰ	Ⅲ	Ⅲ
新乡市	Ⅰ	Ⅰ	Ⅰ	Ⅰ	Ⅰ	Ⅰ	Ⅰ	Ⅰ	Ⅰ	Ⅰ	Ⅰ	Ⅰ	Ⅰ	Ⅰ
焦作市	Ⅲ	Ⅲ	Ⅲ	Ⅲ	Ⅲ	Ⅲ	Ⅲ	Ⅲ	Ⅲ	Ⅲ	Ⅲ	Ⅲ	Ⅲ	Ⅲ
许昌市	Ⅰ	Ⅰ	Ⅰ	Ⅰ	Ⅰ	Ⅰ	Ⅰ	Ⅰ	Ⅰ	Ⅰ	Ⅰ	Ⅰ	Ⅲ	Ⅲ
漯河市	Ⅰ	Ⅰ	Ⅰ	Ⅰ	Ⅰ	Ⅰ	Ⅰ	Ⅰ	Ⅰ	Ⅰ	Ⅰ	Ⅰ	Ⅰ	Ⅰ
商丘市	Ⅱ	Ⅱ	Ⅱ	Ⅱ	Ⅱ	Ⅱ	Ⅱ	Ⅱ	Ⅱ	Ⅱ	Ⅱ	Ⅱ	Ⅱ	Ⅱ
周口市	Ⅱ	Ⅱ	Ⅱ	Ⅱ	Ⅱ	Ⅱ	Ⅱ	Ⅱ	Ⅱ	Ⅱ	Ⅱ	Ⅱ	Ⅱ	Ⅱ
安阳市	Ⅰ	Ⅰ	Ⅰ	Ⅰ	Ⅰ	Ⅰ	Ⅰ	Ⅰ	Ⅰ	Ⅲ	Ⅰ	Ⅰ	Ⅰ	Ⅰ
濮阳市	Ⅰ	Ⅰ	Ⅰ	Ⅰ	Ⅰ	Ⅰ	Ⅰ	Ⅰ	Ⅰ	Ⅰ	Ⅰ	Ⅱ	Ⅰ	Ⅰ
三门峡市	Ⅲ	Ⅲ	Ⅰ	Ⅰ	Ⅲ	Ⅲ	Ⅰ	Ⅰ	Ⅲ	Ⅲ	Ⅲ	Ⅲ	Ⅲ	Ⅰ
南阳市	Ⅱ	Ⅱ	Ⅱ	Ⅱ	Ⅱ	Ⅱ	Ⅱ	Ⅱ	Ⅱ	Ⅱ	Ⅱ	Ⅱ	Ⅱ	Ⅱ
信阳市	Ⅱ	Ⅱ	Ⅱ	Ⅱ	Ⅱ	Ⅱ	Ⅱ	Ⅱ	Ⅱ	Ⅱ	Ⅱ	Ⅱ	Ⅱ	Ⅱ
驻马店市	Ⅱ	Ⅱ	Ⅱ	Ⅱ	Ⅱ	Ⅱ	Ⅱ	Ⅱ	Ⅱ	Ⅱ	Ⅱ	Ⅱ	Ⅱ	Ⅱ
邯郸市	Ⅲ	Ⅰ	Ⅲ	Ⅲ	Ⅲ	Ⅰ	Ⅰ	Ⅰ	Ⅰ	Ⅰ	Ⅰ	Ⅰ	Ⅰ	Ⅰ
邢台市	Ⅰ	Ⅰ	Ⅰ	Ⅰ	Ⅰ	Ⅰ	Ⅰ	Ⅰ	Ⅰ	Ⅰ	Ⅰ	Ⅰ	Ⅱ	Ⅱ
长治市	Ⅰ	Ⅰ	Ⅲ	Ⅲ	Ⅲ	Ⅰ	Ⅰ	Ⅰ	Ⅰ	Ⅲ	Ⅲ	Ⅰ	Ⅲ	Ⅲ

续表5.6

城市	年份													
	2008	2009	2010	2011	2012	2013	2014	2015	2016	2017	2018	2019	2020	2021
运城市	Ⅰ	Ⅱ	Ⅰ	Ⅱ	Ⅰ	Ⅰ	Ⅰ	Ⅰ	Ⅰ	Ⅰ	Ⅰ	Ⅰ	Ⅰ	Ⅰ
宿州市	Ⅱ	Ⅱ	Ⅱ	Ⅱ	Ⅱ	Ⅱ	Ⅱ	Ⅱ	Ⅱ	Ⅱ	Ⅱ	Ⅱ	Ⅱ	Ⅱ
阜阳市	Ⅱ	Ⅱ	Ⅱ	Ⅱ	Ⅱ	Ⅱ	Ⅱ	Ⅱ	Ⅱ	Ⅱ	Ⅱ	Ⅱ	Ⅰ	Ⅰ
淮北市	Ⅰ	Ⅰ	Ⅰ	Ⅰ	Ⅰ	Ⅰ	Ⅰ	Ⅰ	Ⅰ	Ⅲ	Ⅰ	Ⅰ	Ⅲ	Ⅲ
蚌埠市	Ⅰ	Ⅰ	Ⅰ	Ⅰ	Ⅰ	Ⅰ	Ⅰ	Ⅰ	Ⅰ	Ⅰ	Ⅰ	Ⅰ	Ⅲ	Ⅰ
聊城市	Ⅰ	Ⅰ	Ⅰ	Ⅰ	Ⅰ	Ⅰ	Ⅰ	Ⅰ	Ⅰ	Ⅰ	Ⅲ	Ⅰ	Ⅰ	Ⅰ
菏泽市	Ⅱ	Ⅱ	Ⅱ	Ⅱ	Ⅱ	Ⅱ	Ⅱ	Ⅱ	Ⅱ	Ⅱ	Ⅱ	Ⅱ	Ⅰ	Ⅰ

注:表中Ⅰ表示生态保护和经济高质量发展同步,Ⅱ表示经济高质量发展滞后于生态保护,Ⅲ表示生态保护滞后于经济高质量发展。
数据来源:作者计算。

5.3 本章小结

本章根据前文测度的生态保护水平和经济高质量发展水平的结果,在分析中原城市群生态保护和经济高质量协同发展的特征的基础上,采用耦合协调度模型测度两者协同发展的程度。

研究结果表明:郑州市、漯河市、信阳市属于濒临失衡型,占城市总数的10.345%;许昌市、南阳市、开封市、三门峡市、聊城市、鹤壁市、洛阳市、淮北市、亳州市、蚌埠市、菏泽市、宿州市、濮阳市、新乡市、晋城市、安阳市、商丘市、邯郸市、平顶山市、驻马店市、周口市、焦作市、长治市属于轻度失衡型,占城市总数的79.31%;邢台市、运城市、阜阳市属于中度失衡型,占城市总数的10.345%。

在2008—2021年的整个研究期内,核心发展区城市(含晋城市、亳州市、郑州市、开封市、洛阳市、平顶山市、鹤壁市、新乡市、焦作市、许昌市、漯河市、商丘市、周口市)的耦合协调度高于联动辐射区城市(含安阳市、濮阳市、三门峡市、南阳市、信阳市、驻马店市、邯郸市、邢台市、长治市、运城市、宿州市、阜阳市、淮北市、蚌埠市、聊城市、菏泽市)。2008—2018年两者的差距较小,2019—2021年两者的差距呈现扩大的趋势,核心发展区城市的协同发展呈现逐渐上升的趋势,联动辐射区城市的协同发展呈现逐渐下降的趋势。

第6章 中原城市群生态保护和经济高质量协同发展的影响因素分析

通过前文第4章和第5章的分析可知,中原城市群生态保护和经济高质量协同发展程度不高,那么,如何实现生态保护和经济高质量协同发展,有针对性地对生态保护和经济高质量协同发展进行调整就成为新的思考议题。鉴于事物的发展与其外部影响因素是密不可分的,且生态保护和经济高质量发展属于多维度的概念,会受到诸多方面因素的影响,故探讨各因素对生态保护和经济高质量协同发展的影响是非常有必要的。本章首先探讨环境规制、产业结构高级化水平、科技创新、金融发展、人力资本、外商投资等因素对生态保护和经济高质量协同发展的影响机理,然后构建空间面板模型,通过实证检验深入挖掘各影响因素对中原城市群生态保护和经济高质量协同发展的影响效应。

6.1 影响机理分析与变量选择

6.1.1 影响机理分析

1. 影响因素选择

依据前文协同的定义,生态保护和经济高质量协同发展是一个过程,经济、政治、科技等领域的因素会影响这个过程,这些因素有的是协同发展的条件,有的是协同发展的动力,伴随着实践的推进,这些因素对生态保护和经济高质量协同发展产生深刻影响。这些影响因素按照不同的标准有不同的分类,可分为内部因素、外部因素,主要因素、次要因素,积极因素、消极因素,促进因素、制约因素。本书的研究目的在于找出影响生态保护和经济高质量协同发展的因素,提出实现协同发展的政策建议,因此按照促进因素和制约因素的研究思路进行分析。

为了选择生态保护和经济高质量协同发展的影响因素,本书通过以下方式搜集相关资料:(1)中央和地方政府颁布实施的有关生态保护、经济高质量发展等相关政策或条例;(2)中国知网、万方数据库中以生态保护、经济高质量发展等为关键词的期刊论文、学位论文;(3)新华网、《人民日报》微信平台等新闻媒体中关于生态保护、经济高质量发展的相关报道和学者发表的文章。以这些资料为基础,系统梳理影响生态保护和经济高质量协同发展的因素,基于协同学理论、可持续发展理论、承载力理论、绿色经济理论,比较研究资料的异同,向相关专家访谈调查,并且考虑这些因素与协同发展的密切程度,通过甄选、溯源和归并,确定本书最终分析的影响因素为:环境规制、产业结构高级化水平、科技创新、金融发展、人力资本、外商投资,以此探究生态保护和经济高质量协同发展时空变化的深层次原因。

2.各因素对协同发展的影响机理

(1)环境规制对生态保护和经济高质量协同发展的影响机理。通过前文对生态保护和经济高质量协同发展的机理分析可以看出,如果人类积极应对生态保护问题,将促进生态保护和经济高质量发展向协同方向演进,其中,环境规制是解决生态保护和经济高质量发展的主要手段,环境规制直接对生态保护和经济高质量协同发展产生影响。按照产业组织理论,市场行为是指企业以实现利润最大化为目标,对外部环境和政策的变化采取的行动,政府的环境规制政策的变化会促使企业采取市场行为。当环境规制强度增加时,企业为达到要求,会加强治理污染技术的创新和生产技术的创新,对企业原来的生产工艺和技术进行更新改造,这有利于提升企业的生产效率,进而对生态保护和经济高质量协同发展产生影响。影响主要有3种途径:一是促进企业技术创新和升级,二是促进生产工艺的改进,三是加快产品改进换新的速度(张华明等,2017)[227]。环境规制政策的实施会在一定程度上优化企业进入路径,并通过限制污染型企业入驻、鼓励清洁环保企业和低能耗企业入驻,进而有利于生态保护水平的提升。

环境规制通过空间溢出效应对空间关联城市协同性产生影响。环境规制具有空间溢出效应,一个城市的环境规制能对空间关联城市产生显著影响。环境规制影响生态保护和经济高质量协同发展,一个城市的环境规制通过空间溢出效应影响空间关联城市的环境规制,进而影响生态保护和经济高质量协同发展。中原城市群各城市之间联系紧密、互动频繁,一个城市的环境规制不仅有利于本市的生态保护和经济高质量协同发展,还通过竞争、合作、模仿等途径,对空间关联城市的生态保护和经济高质量协同发展产生影响。

(2)产业结构高级化水平对生态保护和经济高质量协同发展的影响机理。不同产业对资源的依赖程度不同,污染排放强度也不同,当一个国家的第二产业比重超过第一产业时,会加深生态环境污染的程度。这是因为和第一产业相比,第二产业消耗更多的资源,同时产生更多的废水、废气、废渣等废弃物,污染了生态环境,所以第二产业占比越大的城市,对生态环境的破坏越严重(赵新华等,2011)[228]。第三产业的发展则主要依赖于人力资本,资源依赖程度和污染排放强度小,第三产业在国民经济中占比越大,污染排放越少,对生态环境的影响也越小。

产业结构高级化是实现经济高质量发展的必要路径(朱风慧等,2020)[229]。"结构红利假说"认为在要素由低生产率部门向高生产率部门转移的过程中,能够提高整个社会的生产率水平。在产业结构高级化过程中,要素配置、投入产出、经济循环等都会得到改善,这些积极因素会对经济高质量发展带来影响。

在经济增长的快速进程中,工业污染成为工业生产的附属产物,与其他产业相比,工业对生态环境污染的程度更大。工业结构布局成为产业结构布局的首要的、核心的内容,工业化的核心是工业的结构质变,这种结构质变的历程从20世纪80年代以轻工业为主的道路转向轻重工业各占一半,再转变为20世纪90年代以高新技术为主的工业,这种工业结构的转变对生态环境的影响是至关重要的。在生态环境保护理念的作用下,工业领域技术创新水平提高,高新技术产业在价值链中的分工地位逐渐提高,工业结构实现由高加工度向技术集约的转变,工业结构逐渐适应环境生产要素价格提高。

(3)科技创新对生态保护和经济高质量协同发展的影响机理。通过前文对生态保护和经济高质量协同发展的影响机理分析可以看出,如果人类积极应对生态保护问题,将促进生态保护和经济高质量发展向协同方向演进。其中,科技创新是解决生态保护与经济高质量协同发展的主要手段,通过以下几种途径影响两者的协同发展。

一是科技创新活动能够显著促进生态保护。科技创新活动通过两种途径促进生态保护。一种途径是,生态资源开发技术的进步为高效利用资源提供了解决方案,节能技术、新材料技术、再利用技术、智能控制技术等的创新降低了资源在生产、传导过程中的耗损量,可以有效提高资源利用效率,在得到同样产出的前提下,资源开采数量会减少,促进了资源集约与循环利用。另一种途径是,生态保护技术的进步可以加快生态环境的恢复建设,提升生态系统服务功能;治理污染排放技术的进步,可以减少生产、消费等过程中的污染,保护生态环境。技术创新通过改进治污设施提升了污染控制与治理水平,还通过作用于生产系统形成前端预防,对于清洁生产、遏制污染排放、提升环境复原力具有重要作用(王鹏,2014)[230]。

二是科技创新能够显著促进经济高质量发展。内生经济增长理论认为创新是克服要素报酬递减、维持经济持续增长的关键。P. Aghion 等(1998)[231]将创新理论引入内生增长模型,定义了创新的过程和结果,从动态和竞争视角揭示了创新是经济持续增长的源泉。研发投入以推动技术创新为中介进一步推动经济增长(严成樑等,2009)[232]。此外,科技创新通过加快高新技术企业和战略性新兴产业的发展,推动产业结构转型,使经济增长方式由粗放型向集约型转变。因此,科技创新能够为城市经济增长注入持久的动能。

三是提升生态资源开发利用技术和生态环境保护技术是解决两者协同发展的重要手段,有利于减少生产的外部边际费用,减少对资源的消耗,提高利用率,减少污染物的排放,减少内部边际费用。科技创新不仅能够创造新的经济增长点、释放经济增长潜能,还能为破除资源环境瓶颈约束找到有效途径,增强城市绿色发展的内生动力,进而提升经济和环境双赢所带来的社会福祉。

(4)金融发展对生态保护和经济高质量协同发展的影响机理。金融发展与生态保护和经济高质量协同发展紧密相连。从金融发展和经济高质量发展的关系来看,金融调节货币资本进而作用于宏观经济;从金融发展和生态保护的关系来看,金融约束投资和融资活动,提高生态资源利用率,引导绿色化发展,进而作用于生态保护。金融发展主要从以下3个方面对生态保护和经济高质量协同发展产生影响。

一是规模效应。金融被誉为经济的血液,能够为经济规模的扩大提供支持,增加能源消费量,不利于生态保护。供给视角下,作为企业融通资金的渠道,金融能够为企业扩大规模提供资金支持。需求视角下,发达的金融使消费者借贷更为便利,增强了消费者的购买能力,从需求端拉动生产,扩大经济规模。

二是技术效应。金融能够为企业技术创新提供资金支持,不同类型的技术创新(节能减排技术、粗放型生产技术)会使技术效应发挥不同的作用,节能减排技术的进步使企业能源消耗降低,改变生产方式,向绿色化转型,有助于生态保护和经济高质量协同发展;反之,不利于生态保护和经济高质量协同发展。

三是结构效应。金融发展影响产业结构,改变各种资源在第一、二、三产业的分配,各产业中的具体行业在能源消耗、环境污染方面具有异质性,金融资源集中到不同的行业,会给生态保护和经济高质量协同发展带来不同的影响。如果金融资源流向清洁型行业,将有助于生态保护和经济高质量协同发展,反之,不利于生态保护和经济高质量协同发展。

上述影响机理分析表明:由于存在规模效应、技术效应、结构效应,金融发展对生态保护和经济高质量协同发展的影响需根据地区异质性确定。

金融发展对生态保护和经济高质量协同发展的影响存在空间溢出效应。金融发展能够突破地域的限制,通过引导资金在中原城市群的各个城市之间进行跨区域配置,实现资金在经济发展过程中的高效利用,资金的流动引导劳动力、技术、能源等生产要素跨区域流动。不同城市的生产厂商之间具有模仿效应,由于技术发展阶段、创新环境异质性,会产生空间溢出效应。金融发展的规模效应、技术效应、结构效应不仅会影响本市生态保护和经济高质量协同发展,而且会影响邻近城市生态保护和经济高质量协同发展。

(5)人力资本对生态保护和经济高质量协同发展的影响机理。人力资本对于生态保护和经济高质量发展均具有重要作用,对两个方面同时存在的影响使人力资本对生态保护和经济高质量协同发展具有提升作用。

一方面,人力资本缓解资源环境约束。人们在生产生活中需要耗费资源,提升人力资本积累效率可以减少资源耗费对经济增长的约束(李荣杰,2015)[233]。在均衡增长路径上,人力资本积累效率与资源需求增速成反比,当前者足够高时,后者甚至为负数。如果后者持续增长,前者较低,则需要推动开发可循环使用的资源,但是实践中受诸多条件的约束,开发可循环使用的资源需要时间,在这个过程中,人力资本可以发挥缓冲作用。

另一方面,人力资本驱动经济高质量发展。古典增长理论认为,技术进步推动经济增长,如果前者降低,失去动力的经济可能会出现负增长。人力资本也是经济增长的推动力,并且独立于技术进步,可以发挥作用阻止经济负增长。改进的内生增长理论认为,人力资本积累效率越高均衡增长率越大。综合来看,尽管经济模型不同,有的将人力资本作为外生变量,有的将人力资本作为内生变量,但是得出的结论是一致的,即人力资本能够驱动经济的高质量发展。

(6)外商投资对生态保护和经济高质量协同发展的影响机理。外商投资有利于激发市场活力、获取新的技术生产力,外商投资对生态保护和经济高质量协同发展的影响效应如下。

一是技术溢出效应。外商投资企业的生产技术一般高于当地企业,这样可维持一定的产品质量优势,保证企业的盈利能力。市场竞争视角下,能够在生产的技术方面和企业经营管理方面发挥扩散作用,带动城市生产能力的提升(王洪庆,2015)[234]。产业链视角下,能够拉动上游企业生产技术的提升,为下游企业提供先进技术和经营管理模式,带动产业链的全面提升。空间相关性视角下,随着传统和新型基础设施建设的推进,外商投资企业和周边企业的业务往来增多,有利于周边企业获取技术溢出。

二是污染扩散效应。外商投资企业多数属于劳动、资本密集型企业,绿色程度较低。技术溢出效应的结果是使内外资企业在技术方面出现"比较优势陷阱",阻碍产业结构高级化,环境规制强度存在区域异质性,劳动、资本密集型的外资企业转移到其他城市,产生污染扩散效应,阻碍中原城市群生态保护水平的提升。

三是环境政策引导效应。在外商投资企业选择经营地点的决策中,当地政府的环境政策是其考虑的因素之一,外商投资对生态保护的影响是正向还是负向,与环境政策存在相关性(史青,2013)[235]。好的环境政策有助于吸引绿色高质量外资,利于生态保护和经济高质量协同发展;反之,将阻碍生态保护和经济高质量协同发展。中原城市群各城市经济发展水平不平衡,各城市环境政策存在差异,在环境政策引导下,外商投资企业对生态保护和经济高质量协同发展的影响存在差异。

上述影响机理分析表明:由于存在技术溢出效应、污染扩散效应、环境政策引导效应,外商投资对生态保护和经济高质量协同发展的影响需根据地区异质性确定。

6.1.2 变量选择

经环境规制等各因素对协同发展的影响机理分析和参照已有研究成果(GC. Chow,1993;R. Levine 等,1996;P. Arestis,2001;张军,2002;章奇等,2003;齐志强等,2013;胡威,2016;刘艳军等,2018;张新林等,2019;刘宏霞,2019;郭淑芬等,2020;上官绪明等,2020)[236-247],本书选取如下被解释变量和解释变量。

1. 被解释变量

以第 5 章中测度的生态保护和经济高质量协同发展作为被解释变量,为了与第 5 章保持一致,本章仍然用 D 表示。

2. 解释变量

由于影响协同发展的因素相对分散,本书参考既有文献,选取了主要的影响变量作为本书实证检验的解释变量。

(1)环境规制(reg):环境规制工具有命令控制性、市场激励性、自我约束性三大类型,从环境规制的效果来看,目前第一种效果明显,而市场激励性规制工具和自我约束性规制工具能在全国范围内推广并发挥积极效应的仅占少数(胡威,2016)[241],因此,本书选用命令控制性规制工具,用单位工业产值 SO_2 排放量表示城市的环境规制水平,由于该指标是逆指标,故采用取倒数的方式进行正向化处理。

(2)产业结构高级化水平(ind):对于产业结构高级化水平的度量,借鉴刘艳军等(2018)[242]的做法,采用产业结构高级化指数反映,即

$$\text{ind} = \sum_{i=1}^{3} \sqrt{L_i} \times P_i \qquad (6.1)$$

式中,ind 表示产业结构高级化指数;L_i 为产业 $i(i=1,2,3)$ 的劳动生产率,即分别以第一产业、第二产业、第三产业增加值除以第一产业、第二产业、第三产业就业人数来表示;P_i 为产业 $i(i=1,2,3)$ 增加值占 GDP 的比重。ind 数值越大,表明产业结构高级化水平越高;反之,表明产业结构高级化水平越低。

(3)科技创新(r&d):科技投入有利于企业生产技术的革新,生产效率的提高,节能环保、污染治理等先进技术的推广,能够减少"三废"的生产和排放(张新林等,2019)[243],科学技术支出是科技有效创新的基础,影响城市科技创新水平,由于各个城市规模的不同,采用每万人科学技术支出衡量城市的科技创新水平。

(4)金融发展(fds):已有研究表明金融发展水平对生态保护和经济增长有着显著的影响。因此,将金融发展作为一个影响因素进行实证检验,是鉴于当前我国资本市场整体发展相对滞后,绝大多数城市都存在着明显的银行导向型金融结构,金融发展水平尚不包括资本市场的影响。本书借鉴 R. Levine 等(1996)[237]、P. Arestis(2001)[238]、章奇等(2003)[240]学者的处理方式,采用银行贷款总额占 GDP 的比重作为金融发展的代理变量。

(5)人力资本(human):当前阶段,人力资本驱动劳动生产率提升,成为推动生态保护和经济高质量发展的关键,因此,将人力资本作为一个影响因素进行实证检验,采用郭淑芬等(2020)[246]的做法,用在校大学生占人口比重表示城市人力资本水平。

(6)外商投资(fdi):外商投资存在技术外溢效应、污染扩散效应、政策引导效应,其对生态保护和经济高质量协同发展的影响需根据地区异质性分析来确定。本书将外商投资作为一个影响因素进行实证检验,借鉴刘宏霞(2019)[245]等学者的做法,采用各城市实际使用外资金额占 GDP 比重来衡量。由于实际使用外资金额是以美元计算的,所以采用美元对人民币的年平均汇率折算成人民币。

6.2 计量模型的设定与变量检验

6.2.1 计量模型的设定

检验生态保护和经济高质量协同发展影响因素时,本书将计量模型拓展为空间面板数据模型,中原城市群的生态保护和经济高质量协同发展属于空间数据,各城市协同发展是否存在空间自相关特征,即一个城市的生态保护和经济高质量协同发展与邻近城市的协同发展是否相关,需要通过空间自相关性分析加以验证。空间自相关性的测度通常是判断变量是否存在空间相互作用的重要基础,空间自相关测度方法使用最为广泛的就是莫兰指数(Moran's I)[248],莫兰指数的值介于 −1 和 1 之间:大于 0,则表示各城市生态保护和经济高质量协同发展呈现正相关;小于 0 表示各城市生态保护和经济高质量协同发展呈现负相关;接近 0 表示空间随机分布。

空间面板模型的常见形式有空间滞后模型(spatial lag model,SLM)、空间误差模型(spatial error model,SEM)、空间杜宾模型(spatial Durbin model,SDM),其中第三种模型囊括了前两种模型,因此本书首先建立第三种模型,然后通过检验判定第三种模型是否会退化到前两种模型。

本章检验各解释变量对生态保护和经济高质量协同发展的影响,参考已有研究成果(金浩等,2018;张虎等,2019;李光龙等,2020;于洪雁等,2020)[249-252],在模型设定中考虑各解释变量的空间溢出效应,设定空间杜宾模型如下:

$$
\begin{aligned}
D_{it} = & \rho \sum_{j=1}^{29} w_{ij} D_{it} + \beta_1 \text{reg}_{it} + \beta_2 \sum_{j=1}^{29} w_{ij} \text{reg}_{it} + \beta_3 \text{ind}_{it} + \beta_4 \sum_{j=1}^{29} w_{ij} \text{ind}_{it} + \beta_5 \text{r\&d}_{it} + \\
& \beta_6 \sum_{j=1}^{29} w_{ij} \text{r\&d}_{it} + \beta_7 \text{fds}_{it} + \beta_8 \sum_{j=1}^{29} w_{ij} \text{fds}_{it} + \beta_9 \text{human}_{it} + \beta_{10} \sum_{j=1}^{29} w_{ij} \text{human}_{it} + \\
& \beta_{11} \text{fdi}_{it} + \beta_{12} \sum_{j=1}^{29} w_{ij} \text{fdi}_{it} + \varepsilon_{it}
\end{aligned}
\tag{6.2}
$$

式中,i 表示城市;t 表示时间;D 表示生态保护和经济高质量协同发展;reg、ind、r&d、fds、human、fdi 分别表示环境规制、产业结构高级化水平、科技创新、金融发展、人力资本、外商投资。w_{ij} 是空间权重矩阵 W 的元素,反映城市之间的空间联系,基本形式如下:

$$
W_{ij} = \begin{bmatrix} w_{11} & w_{12} & \cdots & w_{1n} \\ w_{21} & w_{22} & \cdots & w_{2n} \\ \vdots & \vdots & & \vdots \\ w_{n1} & w_{n2} & \cdots & w_{nn} \end{bmatrix}
\tag{6.3}
$$

式中,w_{ij} 表示城市 i 和城市 j 之间的空间关系,本研究城市数 $n = 29$ 个,所以空间权重矩阵为 29 行 29 列的矩阵。考虑生态保护和经济高质量协同发展的空间溢出效应在一定程度上取决于地理距离远近,即两个城市之间协同发展的空间溢出效应随着距离的拉近而增强,随着距离的疏远而减弱,这不单单是相邻城市的相互作用,还包括不相邻城市的相互作用。而地理距离权重矩阵设置能够有效地体现各城市之间的空间相关关系,因此,本章从地理距离角度对空间权重矩阵进行设置,

形式如下:

$$w_{ij} = \begin{cases} \dfrac{1}{d^\alpha} & i \neq j \\ 0 & i = j \end{cases} \quad (6.4)$$

式中,d 表示城市 i 和城市 j 的经纬度的直线距离;α 表示空间衰减效应的程度。

目前空间计量使用的最主流的估计方法是极大似然估计(maximum likelihood estimation,MLE)(姜磊,2020)[248],本书采用这一做法对空间面板模型进行估计,并采用 LF. Lee 等(2010)[253]的方法对模型估计进行偏误校正。

对于被解释变量 D 关于第 K 个解释变量的偏导数分解矩阵如下:

$$\left[\dfrac{\partial D}{\partial X_{1k}} \cdots \dfrac{\partial D}{\partial X_{nk}}\right] = \begin{bmatrix} \dfrac{\partial D}{\partial X_{1k}} & \cdots & \dfrac{\partial D}{\partial X_{nk}} \\ \vdots & & \vdots \\ \dfrac{\partial D_n}{\partial X_{1k}} & \cdots & \dfrac{\partial D_n}{\partial X_{nk}} \end{bmatrix}$$

$$= (I - \rho W)^{-1} \begin{bmatrix} \beta_k & W_{12}\theta_K & \cdots & W_{1n}\theta_K \\ W_{21}\theta_K & \beta_k & \cdots & W_{2n}\theta_K \\ \vdots & \vdots & & \vdots \\ W_{n1}\theta_K & W_{n2}\theta_K & \cdots & \beta_k \end{bmatrix} \quad (6.5)$$

在分解矩阵中,主对角线上的元素表示直接效应,非对角线上的元素用来捕捉间接效应。由分解矩阵可知,某一城市的解释变量的变动,不仅影响该城市的生态保护和经济高质量协同发展,即存在直接效应,还影响其他城市生态保护和经济高质量协同发展,即存在空间溢出效应,也称间接效应。当 $\rho = 0$ 并且 $\theta_K = 0$ 时,不存在间接效应。

6.2.2 变量的描述性统计

对 2008—2021 年中原城市群的生态保护和经济高质量协同发展、环境规制、产业结构高级化水平、科技创新、金融发展、人力资本、外商投资变量进行描述性统计,见表 6.1。

表 6.1 变量描述性统计

变量名	样本数/个	计量单位	均值	标准差	最小值	最大值
D	406	—	0.329 90	0.060 16	0.089 30	0.472 50
reg	406	亿元/t	0.090 75	0.106 08	0.005 80	0.331 24
ind	406	—	0.268 23	0.072 03	0.146 58	0.400 63
r&d	406	千元/人	0.049 04	0.031 49	0.002 14	0.111 75
fds	406	成	0.132 81	0.094 27	0.024 67	1.111 28
human	406	%	0.976 36	0.623 01	0.122 48	2.247 87
fdi	406	成	0.224 07	0.178 41	0.006 76	1.978 28

数据来源:《中国城市统计年鉴》及各省统计年鉴。

为了检验解释变量之间是否存在多重共线性,首先观察变量之间的相关系数,通过表 6.2 发现,变量之间相关系数不高,进一步做方差膨胀因子检验,检验结果表明:解释变量之间的方差膨胀因子为 1—3,说明变量之间并不存在严重的多重共线性(陈强,2020)[254]。

表 6.2 解释变量间相关系数及方差膨胀因子

变量	reg	ind	r&d	fds	human	fdi	VIF
reg	1						1.21
ind	0.354 2***	1					1.95
r&d	0.303 3***	0.638 5***	1				2.32
fds	0.299 1***	0.338 0***	0.231 3***	1			1.19
human	0.216 6***	0.498 1***	0.527 0***	0.237 0***	1		1.49
fdi	0.211 4***	0.351 4***	0.559 3***	0.106 8**	0.325 5***	1	1.47

注:表中 *、** 和 *** 分别表示在 10%、5%、1% 水平(双侧)上显著相关。
数据来源:作者计算。

6.2.3 变量的平稳性检验

为避免出现伪回归现象,对变量进行单位根检验,利用 LLC、IPS、ADF、PP 多种面板单位根检验方法对模型中涉及的变量进行面板单位根检验,检验结果见表 6.3。

表 6.3　面板单位根检验结果

变量	LLC	IPS	ADF	PP	结论
D	−0.512	−0.279	68.080	111.744***	不平稳
ΔD	−8.914***	−7.119***	155.585***	318.664***	平稳
ind	4.000	7.379	13.721	23.191	不平稳
Δind	−6.929***	−5.723***	138.105***	283.545***	平稳
reg	6.797	6.139	19.136	32.644	不平稳
Δreg	−4.787***	−6.427***	161.056***	397.267***	平稳
r&d	−2.855***	−0.508	52.046	64.211	不平稳
Δr&d	−8.811***	−6.466***	143.663***	338.572***	平稳
fds	0.343	12.616	5.774	10.248	不平稳
Δfds	−4.160***	−3.086***	95.780***	187.397***	平稳
human	3.707	4.706	27.833	30.324	不平稳
Δhuman	−4.562***	−5.215***	129.231***	233.243***	平稳
fdi	−7.640***	−4.196***	107.019***	167.998***	平稳
Δfdi	−6.546***	−4.560***	119.508***	264.941***	平稳

注:表中*、**和***分别表示在10%、5%和1%水平上显著。
数据来源:作者计算。

采用 Pedroni 检验进行异质面板协整检验,检验结果为:PP 值为 −12.233 76,在 1% 水平上显著。采用 Kao 检验进行同质面板协整检验,检验结果为:ADF 值为 −2.774 057,在 1% 水平上显著。统计量均拒绝不存在协整关系的原假设,表明变量间存在较为稳定的长期协整关系,可以进行下一步研究。

6.3　实证检验

6.3.1　空间面板基本回归分析

对空间面板回归的残差项进行 Moran's I 检验,检验结果显示 Moran's I 值为 7.937,在 1% 的显著性水平上通过显著性检验,表明中原城市群各城市的生态保护和经济高质量协同发展存在较强的空间正相关性,采用空间面板模型分析更为合理。在地理距离权重矩阵下,本书进一步对模型的残差进行拉格朗日乘数及其稳健形式检验,空间依赖性检验结果表明,LM 空间滞后检验和 LM 空间误差检验的值分别为45.247和48.117,都在1%的显著性水平上拒绝了原假设,稳健LM空间滞后检验和稳健LM空间误差检验的值分别为2.764和5.634,分别在10%和5%的显著性水平上拒绝了原假设,空间杜宾模型(SDM)对样本的解释力更好。Wald检验结果表明,一是拒绝SDM模型可以简化为SAR模型的假设,其检验结果为:chi2(6)= 124.68,Prob>chi2 = 0.000 0;二是拒绝SDM模型可以简化为SEM模型的假设,其检验结果为:chi2(6)= 35.72,Prob>chi2 = 0.000 0。综合上述分析,本书采用空间杜宾模型分析各因素对中原城市群生态保护和经济高质量协同发展的影响。Hausman检验发现,空间杜宾模型应该选择固定效应,空间杜宾模型估计的Hausman检验结果为:chi2(13)= 79.15,Prob⩾chi2 = 0,说明在1%的显著性水平下,随机效应的原假设被拒绝,本书应该采用固定效应模型进行分析。对零假设为空间固定效应联合显著的模型进行似然比检验,结果显示$P = 0.000\ 0$,拒绝原假设,表明空间时间双固定效应优于空间固定效应;似然比检验进行了两次,一是优于空间固定效应,二是优于时间固定效应。由此,本书最终选择具有时间空间双固定效应的空间杜宾模型,解释中原城市群生态保护和经济高质量协同发展的影响,空间面板基本回归结果见表6.4。

表6.4 空间面板基本回归结果

解释变量	SDM	SAR	SEM
reg	0.251 083 9*** (9.42)	0.263 073 8*** (9.74)	0.268 403*** (9.35)
ind	0.246 553 7*** (3.41)	0.222 767 7*** (3.13)	0.216 748*** (3.05)
r&d	0.218 084 4** (1.96)	0.306 697 2*** (2.92)	0.308 376 7*** (2.89)
fds	0.030 493 4 (1.19)	0.048 321 4* (1.90)	0.071 116 2 (1.14)
human	0.008 602 8 (0.92)	0.002 067 6 (0.23)	0.002 158 9 (0.23)
fdi	−0.009 313 7 (−0.66)	0.000 671 8 (0.05)	−0.002 401 1 (−0.17)
W×reg	−0.209 157 7 (−0.95)		

续表6.4

解释变量	SDM	SAR	SEM
W×ind	0.889 719 4** (2.10)		
W×r&d	0.083 453 8 (0.11)		
W×fds	−0.648 305*** (−2.73)		
W×human	0.154 715 9* (1.83)		
W×fdi	−0.336 140 8 (−3.06)		
ρ/λ	−0.480 893** (−2.12)	−0.310 377 6 (−1.51)	
sigma2_e	0.000 751 8*** (14.15)	0.000 801 7*** (14.21)	

注：***、**、*分别表示在1%、5%和10%水平上显著，表中括号内的值是Z统计量的值。
数据来源：作者计算。

空间自回归系数 ρ 显著为负，表明生态保护和经济高质量协同发展明显受到周边城市的影响，也显著影响周边城市的协同发展，协同发展存在明显的空间溢出效应，回归系数 ρ 小于0，并在5%水平上显著。中原城市群生态保护和经济高质量协同发展存在一定的不平衡性，所以未来中原城市群一体化步伐有待继续加强，将协同发展更有效地辐射至外围区域。

环境规制的回归系数在1%水平上显著，环境规制水平对生态保护和经济高质量协同发展影响方向为正向，表明环境规制水平对协同发展有显著的提升作用，是影响本市生态保护和经济高质量协同发展的因素。这与上官绪明（2020）[247]的研究结论一致。环境规制的空间滞后项系数为负，但是并不显著。

产业结构高级化水平的回归系数在1%水平上显著，产业结构高级化水平对生态保护和经济高质量协同发展影响方向为正向，表明产业结构高级化水平对协同发展有提升作用，是影响本市生态保护和经济高质量协同发展的因素。说明产业结构高级化是提升生态保护和经济高质量协同发展的强劲动力，产业结构高级化是经济发展重要任务之一,是协同发展的重要影响因素。这与刘伟和蔡志洲(2015)[255]、孙叶飞等(2016)[256]、徐秋艳等(2019)[257]的研究结论一致。

科技创新的回归系数在5%水平上显著,科技创新对生态保护和经济高质量协同发展影响方向为正向,表明科技创新对生态保护和经济高质量协同发展有提升作用,是影响本市生态保护和经济高质量协同发展的因素。这与上官绪明(2020)[247]的研究结论一致,说明一个城市的科技创新有利于本市的生态保护和经济高质量协同发展。科技创新的空间滞后项系数为正,但是并不显著。

金融发展空间滞后项的回归系数在1%水平上显著,金融发展对协同发展影响方向为负向,表明金融发展对邻近城市生态保护和经济高质量协同发展具有阻碍作用,是影响本市生态保护和经济高质量协同发展的因素。金融发展的回归系数为正,但是并不显著。

人力资本空间滞后项的回归系数在10%水平上显著,人力资本对生态保护和经济高质量协同发展影响方向为正向,表明人力资本对邻近城市生态保护和经济高质量协同发展具有促进作用,是影响本市生态保护和经济高质量协同发展的因素。人力资本的回归系数为正,但是并不显著。

外商投资空间滞后项的回归系数为负,在1%水平上显著,说明外商投资对邻近城市生态保护和经济高质量协同发展影响方向为负向,表明外商投资对邻近城市生态保护和经济高质量协同发展具有阻碍作用,是影响邻近城市生态保护和经济高质量协同发展的因素。外商投资的回归系数为负,但是并不显著。

综上,环境规制、产业结构高级化水平、科技创新对本市生态保护和经济高质量协同发展影响显著,影响方向均为正向,产业结构高级化水平、金融发展、人力资本、外商投资对生态保护和经济高质量协同发展具有空间溢出效应,产业结构高级化水平、人力资本空间溢出效应为正向,金融发展、外商投资空间溢出效应为负向。

6.3.2 空间面板空间溢出效应分析

由于中原城市群生态保护和经济高质量协同发展存在空间效应,所以为更好地分析各个解释变量的影响作用,借助JP. Lesage和RK. Pace(2009)[255]研究中提出的直接、间接效应的概念,将空间溢出效应进行分解,直接效应表示各个解释变量对于本市生态保护和经济高质量协同发展的平均影响,间接效应表示各个解释变量对于其他城市生态保护和经济高质量协同发展的平均影响,协同发展影响因素的空间溢出效应分解见表6.5。

表6.5 协同发展影响因素的空间溢出效应分解

解释变量	总效应		直接效应		间接效应	
	回归系数	显著性	回归系数	显著性	回归系数	显著性
reg	0.022 65	0.883	0.259 79	0.000	−0.237 14	0.124
ind	0.782 53	0.019	0.237 95	0.003	0.544 58	0.100
r&d	0.180 87	0.758	0.197 51	0.122	−0.016 63	0.976
fds	−0.427 88	0.012	0.044 51	0.102	−0.472 39	0.005
human	0.101 74	0.040	0.004 99	0.535	0.096 75	0.051
fdi	−0.232 62	0.001	−0.002 85	0.845	−0.229 76	0.002

注：总效应=直接效应+间接效应。
数据来源：作者计算。

表6.5 的结果显示，环境规制的直接效应显著，但是间接效应和总效应不显著，直接效应影响方向为正向，表明环境规制对本市生态保护和经济高质量协同发展具有显著的促进作用。黄寰（2020）[259]采用长江经济带的数据进行研究也得出了相同的结论，可能的原因是环境规制有助于本市生态保护和经济高质量协同发展，但是由于环境规制存在区域异质性，城市之间的环境规制政策是有差异的，因此一个城市的环境规制政策对邻近城市的生态保护和经济高质量协同发展并不产生影响。

产业结构高级化的直接效应和总效应显著为正，但是间接效应不显著，表明产业结构高级化对本市生态保护和经济高质量协同发展具有显著的促进作用，而对周边城市生态保护和经济高质量协同发展的影响不显著，这可能是因为产业结构高级化是一个区域和地方现象，随着地理空间范围的扩大，其溢出效应不再显著。

金融发展的直接效应并不显著，但是间接效应和总效应显著为负，表明周边城市金融发展会对本市的生态保护和经济高质量协同发展产生负面影响，刘应元等（2021）[260]也得出了类似的结论。可能的原因是，对创新型企业而言，金融发展水平高的城市对其吸引力更大，导致创新型企业从金融发展水平相对低的城市向金融发展水平相对高的城市转移，金融发展水平相对低的城市失去创新型企业，技术创新水平受到负面影响，产业结构升级受到限制，不利于生态保护和经济高质量协同发展。

人力资本的间接效应和总效应显著为正，表明人力资本对周边城市生态保护和经济高质量协同发展的影响显著，对生态保护和经济高质量协同发展具有显著的促进作用，王帅龙等（2022）[261]也得出了类似的结论。可能的原因是，知识具有外部性，一个城市人力资本水平提高，知识和技术会向周边城市溢出，通过交流学习、跨城市合作，促使周边城市技术进步和理念更新，调整产业结构，对生态保护和经济高质量协同发展具有显著的促进作用。

外商投资的间接效应和总效应显著为负，表明外商投资对周边城市生态保护和经济高质量协同发展具有显著的阻碍作用。可能的原因是，外商投资对生态保护和经济高质量协同发展的影响存在技术溢出效应、污染扩散效应、环境政策引导效应。中原城市群各城市之间经济发展存在差异，在引进外资过程中，没有发挥出正向的环境政策引导效应，使引入的外资企业环境污染效应大于技术溢出效应。

综合上述分析结果，环境规制、产业结构高级化水平对生态保护和经济高质量协同发展具有直接效应，影响方向为正向；金融发展、人力资本、外商投资对生态保护和经济高质量协同发展具有间接效应，人力资本影响方向为正向，金融发展、外商投资影响方向为负向；产业结构高级化水平、金融发展、人力资本、外商投资对生态保护和经济高质量协同发展的总效应显著，产业结构高级化水平、人力资本影响方向为正向，金融发展和外商投资影响方向为负向。

6.4 稳健性检验

为了进一步提高研究结果的稳健性，本节将金融发展的衡量指标替换为人均存贷款余额，再次检验环境规制、产业结构高级化水平、科技创新、金融发展、人力资本、外商投资对生态保护和经济高质量协同发展的影响。

首先对普通面板回归的残差项进行 Moran's I 检验，检验结果显示 Moran's I 值为 7.812，仍然在 1% 的显著性水平上通过显著性检验，表明采用空间面板模型更为合理。

在地理距离权重矩阵下，本书进一步对模型的残差进行拉格朗日乘数及其稳健形式检验，空间依赖性检验结果表明，LM 空间滞后检验和 LM 空间误差检验的值分别为 43.540 和 45.523，都在 1% 的显著性水平上拒绝了原假设，稳健 LM 空间滞后检验和稳健 LM 空间误差检验的值分别为 2.964 和 4.947，分别在 1% 和 5% 的显著性水平上拒绝了原假设，空间杜宾模型对样本的解释力更好。

Hausman 检验表明，空间杜宾模型应该选择固定效应，空间杜宾模型估计的 Hausman 检验结果为：chi2(13) = 252.69，Prob ≥ chi2 = 0.0000，说明在 1% 的显著性水平下，随机效应的原假设被拒绝，本书应该采用固定效应模型进行分析。

表 6.6 列示了空间面板基本回归结果，空间自回归系数仍然显著为负，为

第6章 中原城市群生态保护和经济高质量协同发展的影响因素分析

-0.422 83。从各因素对本市生态保护和经济高质量协同发展的影响来看,各变量回归系数的显著性检验结果显示,环境规制的回归系数仍然在1%水平上显著,系数为0.262 08。产业结构高级化水平的回归系数仍然在5%水平上显著,系数为0.173 8。科技创新的回归系数在1%水平上显著,系数为0.198 24。金融发展的回归系数在1%水平上显著,系数为0.061 17。人力资本的空间滞后项在1%水平上显著,系数为0.227 63。外商投资的回归系数在1%水平上显著,系数为-0.301 30。综合上述分析结果,替换变量以后,各变量回归系数的显著性和影响方向基本没有发生改变。

表6.7列示了协同发展影响因素的空间溢出效应分解结果,将空间溢出效应分解为直接效应、间接效应和总效应,结果显示:环境规制的直接效应显著,系数为0.266 82。产业结构高级化水平的直接效应、间接效应、总效应显著,直接效应系数为0.162 44,间接效应系数为0.706 57,总效应系数为0.869 01。金融发展的直接效应和间接效应显著,直接效应系数为0.067 24,间接效应系数为-0.205 24。人力资本的间接效应和总效应显著,间接效应系数为0.153 42,总效应系数为0.157 04。外商投资的间接效应和总效应显著,间接效应系数为-0.213 58,总效应系数为-0.216 87。

综合上述分析结果,替换变量以后,环境规制、产业结构高级化水平、金融发展对生态保护和经济高质量协同发展具有直接效应,系数为正数;产业结构高级化水平、金融发展、人力资本、外商投资对生态保护和经济高质量协同发展具有间接效应,产业结构高级化水平、人力资本系数为正数,金融发展、外商投资系数为负数;产业结构高级化水平、人力资本、外商投资对生态保护和经济高质量协同发展具有总效应,产业结构高级化水平、人力资本系数为正数,外商投资系数为负数。

表6.6 空间面板基本回归结果(替换变量)

解释变量	回归系数	Std. Err.	Z值	P值
reg	0.262 08***	0.027 03	9.70	0.000
ind	0.173 8**	0.071 69	2.42	0.015
r&d	0.198 24*	0.110 18	1.80	0.072
fds	0.061 17***	0.018 25	3.35	0.001
human	0.008 21	0.009 13	0.90	0.369
fdi	-0.008 52	0.014 21	-0.60	0.549
W×reg	-0.015 17	0.218 86	-0.07	0.945

续表6.6

解释变量	回归系数	Std. Err.	Z值	P值
W×ind	1.036 83**	0.422 12	2.46	0.014
W×r&d	-0.086 83	0.747 18	-0.12	0.907
W×fds	-0.256 07	0.169 35	-1.51	0.131
W×human	0.227 63***	0.083 99	2.71	0.007
W×fdi	-0.301 30***	0.111 11	-2.71	0.007
rho	-0.422 83*	0.223 80	-1.89	0.059
sigma 2_e	0.000 74***	0.000 05	14.17	0.000

注：***、**、*分别表示在1%、5%和10%水平上显著。

数据来源：作者计算。

表6.7 协同发展影响因素的空间溢出效应分解结果（替换变量）

解释变量	总效应		直接效应		间接效应	
	回归系数	显著性	回归系数	显著性	回归系数	显著性
reg	0.172 64	0.274	0.266 82***	0.000	-0.094 19	0.549
ind	0.869 01**	0.012	0.162 44**	0.044	0.706 57**	0.041
r&d	0.050 14	0.935	0.180 44	0.154	-0.130 31	0.825
fds	-0.138 00	0.250	0.067 24***	0.001	-0.205 24*	0.083
human	0.157 04***	0.003	0.003 62	0.649	0.153 42***	0.004
fdi	-0.216 87***	0.004	-0.003 29	0.820	-0.213 58***	0.006

注：总效应=直接效应+间接效应。

数据来源：作者计算。

6.5 本章小结

本章首先探讨环境规制、产业结构高级化水平、科技创新、金融发展、人力资本、外商投资因素对生态保护和经济高质量协同发展的影响机理，然后进行实证检验，依据前文中原城市群生态保护和经济高质量协同发展的分析结果，采用中原城市群2008—2021年的面板数据，通过空间面板模型对影响协同发展的因素进行了实证检验，得出的具体结论如下：环境规制、产业结构高级化水平、科技创新对本市生态保护和经济高质量协同发展影响显著，影响方向均为正向；产业结构高级化水平、金融发展、人力资本、外商投资对生态保护和经济高质量协同发展具有空间溢出效应,将空间溢出效应分解,结果发现:环境规制、产业结构高级化水平对生态保护和经济高质量协同发展具有直接效应,影响方向为正向,金融发展、人力资本、外商投资对生态保护和经济高质量协同发展具有间接效应,人力资本影响方向为正向间接效应,金融发展、外商投资影响方向为负向间接效应。

第7章 结论与政策建议

7.1 主要研究结论

针对中原城市群如何才能实现生态保护和经济高质量协同发展的问题,本书在研究中利用静态与动态、定性与定量相结合、比较分析法等研究方法,首先研究生态保护和经济高质量发展的现状,然后测度两者的协同发展,接下来分析环境规制、产业结构高级化水平、科技创新、金融发展、人力资本、外商投资对生态保护和经济高质量协同发展的影响,最后得出结论,提出实现协同发展的路径。

中原城市群生态保护和经济高质量协同发展属于濒临失衡型的占城市总数的10.345%;属于轻度失衡型的占城市总数的79.31%;属于中度失衡型的占城市总数的10.345%。在2008—2021年的整个研究期内,核心发展区各城市(郑州市等13个城市)的耦合协调度高于联动辐射区城市(安阳市等16个城市),在2008—2018年,两者的差距较小,在2019—2021年,两者的差距呈现扩大的趋势,核心发展区城市的协同发展呈现逐渐上升的趋势,联动辐射区城市的协同发展呈现逐渐下降的趋势。生态保护和经济高质量发展同步的占比47.04%,经济高质量发展滞后于生态保护的占比33.74%,生态保护滞后于经济高质量发展的占比19.21%。

在分析中原城市群生态保护和经济高质量协同发展的影响因素时,研究发现,环境规制、产业结构高级化水平、科技创新对本市生态保护和经济高质量协同发展影响显著,影响方向均为正向,产业结构高级化水平、金融发展、人力资本、外商投资对生态保护和经济高质量协同发展具有空间溢出效应,将空间溢出效应分解,结果发现:环境规制、产业结构高级化水平对生态保护和经济高质量协同发展具有直接效应,影响方向为正向;金融发展、人力资本、外商投资对生态保护和经济高质量协同发展具有间接效应,人力资本影响方向为正向间接效应;金融发展、外商投资影响方向为负向间接效应。

7.2 实现协同发展的政策建议

7.2.1 合理进行环境规制

本书第 6 章对生态保护和经济高质量协同发展的影响因素进行分析后发现，环境规制对生态保护和经济高质量协同发展具有显著影响，为了最大限度地发挥环境规制政策对中原城市群生态保护和经济高质量协同发展的促进作用，需要从以下几个方面对环境规制政策进行优化。

1. 注重不同类型环境规制工具的结合运用

企业追求的目标是实现企业价值的最大化，环境规制的目标是实现社会效益，适宜的环境规制能够恰好触发企业绿色行为的选择。如果企业向绿色化转型的成本高或者风险大，企业考虑转型的成本和收益，在环境规制力度较强时，企业绿色转型的意愿较低，选择关停或者搬迁到环境规制较为宽松的城市，相反，又起不到环境规制的预期效果。所以制定适宜的环境规制政策非常重要，要注重命令型环境规制工具和市场型环境规制工具的结合运用。当企业关注转型成本时，效果更为积极的工具是市场型环境规制工具，以激励型为主，通过直接的给予转型补贴的方式和间接的给予税收优惠的方式激励企业绿色转型，同时采用命令型环境规制工具。市场型环境规制工具能够降低污染企业绿色化转型的成本，增加预期收益。转型补贴属于直接方式，重点补贴绿色创新、节能减排项目，具有比较强的针对性，对市场的干预性较大；税收优惠则相反。现阶段，既需要命令型环境规制的强制性约束，又需要激励型环境规制的直接补贴和间接税收优惠，将命令型环境规制的强制性与市场型环境规制的激励性相结合。

2. 注重不同城市环境规制的差异化

城市间环境规制水平的差异会影响到污染企业的转移，影响到企业结构高级化和绿色转型，进而影响到生态保护和经济高质量协同发展。各城市环境规制强度的差异，会导致部分企业搬迁至环境规制水平较弱的城市，加重这些城市经济发展的不可持续性，整体来看，污染没有得到有效治理，只是从一个城市转移到另一个城市。所以环境规制的选择要根据城市产业结构的具体情况形成一定的差异，平衡城市间的环境污染程度及产业内部构成。

3. 构建城市群生态网络

随着城市环境规制的强化，污染企业会选择清洁型发展的方式，借助共享经济,企业与企业之间有较多的互动,企业之间在技术方面、信息方面实现互补,有利于污染企业向清洁型发展方式转变。一是,促进企业间的技术和信息等资源的共享,引导企业产业集聚,在进行环境规制的前提下,选择清洁型发展方式的企业集聚,对降低企业间的信息和技术成本是有利的,能够发挥出企业之间的优势互补效应,实现知识的空间溢出,有利于企业的创新,有利于企业向清洁化转型。例如,从事资源开采的企业和从事产品加工的企业趋于集聚,在原有产业链基础上构建共生和清洁生态系统,寻求资源共享和技术方面的合作,提高资源利用率。二是,通过构建城市群生态网络来延伸生态产业链。企业为了达到环境规制的要求,更为关注生产末端污染物的排放达标问题,忽略了控制污染源头的问题。构建城市群生态网络,有利于促进企业从生产端减少污染物排放、实现废弃物的循环再利用与资源的合理配置,使资源的综合利用效率得以提高,有利于企业降低合规成本,有效解决问题。

4. 加强非正式环境规制的力量

非正式环境规制在生态保护中发挥的作用不容小觑,政府应当对非正式环境规制进行积极的支持、引导和鼓励,加强非正式环境规制的力量。加强中原城市群社会公众的生态保护意识,引导社会公众积极参与生态保护,增强非政府环保组织的影响力,充分发挥非正式环境规制的积极作用。

5. 加强水生态保护和建设

(1)加强水资源约束管理。

继续推进郑州、洛阳等国家级水生态文明城市试点建设,发挥这些国家级水生态文明城市的示范作用,带动整个中原城市群的水资源约束和管理,中原城市群应遵循最严格的水资源制度,加强水资源的约束和管理,优化产业结构,引导高耗水产业转变发展方式,提高水资源的利用效率,提高重复利用率,控制生产生活用水总量的增长,采取措施保障生态用水的供应,防止被生产生活用水挤占。

(2)加强重点行业废水治理力度。

要加强黑色金属冶炼等行业的废水排放的综合治理,引导企业从生产端考虑减少污染物的排放问题,而不是只关注生产末端污染物的排放达标,加大企业用于研发节水技术和水资源循环利用技术的投入,加强对重点行业污水排放的管理,加强水环境风险防控,鼓励企业在污染物稳定达标排放的同时建设污水深度处理设施和中水回用设施。

(3)提升城市污水的收集和处理能力。

按照"厂网并举、管网优先"的原则,升级改造城市现有污水管网系统,提升城市污水收集能力,确保污水收集全覆盖。在提升城市污水收集能力的前提下,处理水平不断提高,加强污水处理的技术研发,提升城市污水处理效率,提高污水处理设施的自动化水平,安装进出水在线监测装置,加强对重点行业进出水质的监控,改善水环境质量,确保区域水环境安全。

6. 加强大气污染的联防联控

大气污染具有空间溢出效应,在大气污染防治上要注意城市之间的联防联控,共享中原城市群各城市大气污染监测数据,协调解决城市群突出大气环境问题,开展协同治理,在加强电力、钢铁及有色冶炼、化工、水泥玻璃建材等重点行业 SO_2、氮氧化物、颗粒物等污染物的排放管理上,尽快制定水泥、玻璃、钢铁等行业地方标准,从源头上消减污染物。

7. 严格坚守生态保护红线

严格坚守划定的生态保护红线,以此为前提合理进行空间布局,划分好城市的生态空间、生产空间和生活空间,工农业生产空间不能挤占林地和湿地等生态空间。坚守生态保护红线,对河湖空间的利用要加强监督,结合中原城市群生态环境功能区划,根据规划的禁止开发和限制开发的空间,监控中原城市群各城市的建设用地规模,准确评估土地节约情况,对耕地占优补劣的问题要严格制止,将国土空间开发的重点转移到调整和优化结构上来,提高空间利用的集约水平。在承接产业转移时,严格按照环境规制的要求,注重绿色发展,严格把关,以经济高质量发展为目标,对进入工业园区的企业进行严格筛选,禁止引入落后的、高污染的生产技术和设备,加大对企业的监管力度,对污染环境的企业禁止进入工业园区。

7.2.2 促进产业结构升级

本书第6章研究发现,产业结构高级化对生态保护和经济高质量协同发展具有显著的促进作用,并且具有空间溢出效应,对邻近城市的生态保护和经济高质量协同发展也具有显著的正向影响,为了最大限度地发挥产业结构高级化对生态保护和经济高质量协同发展的促进作用,应从以下几个方面优化产业结构升级传导途径。

1. 推动传统产业的生态化改造

传统产业的生态化改造,有助于实现节能减排目标。为此,在清查中原城市群传统产业的基础上,以生态化为目标,按照环境规制的要求,确定生态化改造企业名录,在改造时,把生态放在首要位置,以绿色化为改造的方向,提升产业结构高级化水平。对主动进行设备更新改造的企业给予政策支持,加大财政支持力度,鼓励企业进行清洁生产;对不积极进行设备更新改造的企业,通过环境规制途径,倒逼其更新改造。两种方式相结合,促进企业向高级化转型。

2. 推动产业结构由工业型向服务型转变

地方政府可以通过财政支出的方式或相关政策措施向服务业倾斜,提升第三产业在产业结构中所占的比重,推动产业结构向服务型转变。(1)大力发展第三产业。一是推动传统服务业的智能化改造,通过转型升级增加活力。二是提升物流、研发、电子商务等生产性服务业服务第一产业和第二产业的能力,改善生产性服务业的不足之处。三是加快生活服务业的发展,在我国人口老龄化的背景下,生活服务业既能满足老年人晚年的生活需要,又能促进经济发展。(2)优化第二产业结构。一是抓住数字化的机遇改造传统第二产业,使生产设备绿色化、生产工艺绿色化,特别是改造其中的高能耗产业,减少能源消耗,降低对环境的破坏。二是加快高端第二产业的发展,为其发展创造条件,解决发展过程中的瓶颈问题,用高端第二产业的发展拉动经济的增长,推动其成为国民经济的支柱产业。

3. 重视绿色产业政策与环境政策的协调

绿色产业政策和环境政策从不同的角度推动协同发展,绿色产业政策是通过提供补贴和直接投资等方式鼓励企业的绿色化发展,环境政策是通过设立和执行环境规制限制污染物的排放,倒逼企业向着绿色化的方向发展,实现两者的协调,使政策相互补充,能够促进两者协同发展。面对生态保护和经济高质量协同发展问题,走绿色发展之路是必然选择。完善绿色发展标准,绿色发展全面覆盖工业行业,解决绿色发展标准实施的技术问题和产业问题,鼓励节能、节水、节地,扩大中原城市群生态保护和经济高质量协同发展财政政策和质量经济指标。

4. 发挥产业结构高级化的空间溢出效应

随着中原城市群协同发展的不断推进,一方面中原城市群的中心城市郑州市的产业结构不断升级,具有带动周边城市产业升级的条件,另一方面郑州市周边的城市有承接产业转移的内在要求。因此,要发挥产业结构高级化的空间溢出效应,加强中原城市群各个城市在产业结构升级方面的合作,促进整个城市群的产业结构升级。发挥中原城市群集成效应,推进城市协商和合作,促进产业结构升级从中心城市郑州市向核心发展区城市和联动辐射区城市的溢出。结合城市自身的产业优势,建设中原城市群的科技创新产业集聚区和新兴产业推广示范区。依据各个城市在产业方面的优势,考虑城市的发展阶段,确立城市群的分工。

7.2.3 强化科技创新的力度

本书第 6 章研究发现,科技创新对生态保护和经济高质量发展具有显著的正向影响,因此可以通过科技创新促进中原城市群生态保护和经济高质量协同发展。

1. 构建多层次科技投融资机制

2008—2018 年,中原城市群科技创新投入对生态保护和经济高质量发展的协同度具有显著的正向影响,因此要构建政府、企业、金融、社会等多方科技投融资机制,为中原城市群科技创新的开展提供资金保障,提升科技投入对生态保护和经济高质量协同发展的贡献。

(1)加大各城市政府科技资金投入。发挥政府科技资金投入在创新活动中的重要作用,政府科技资金投入是科技创新的重要力量(鲁继通,2016)[262],应进一步发挥政府科技资金投入的引领作用,带动企业、金融机构、社会力量投资于创新活动。以政府资金为引导,多方资金投入于创新活动中,从资金投入的角度推动创新活动的开展。

(2)优化科技合作投入结构。搭建好投资平台,对多方投入的资金进行整合,以发挥资金的最佳使用效果,加强中心城市郑州市在科技创新方面的作用,中原城市群核心发展区和联动辐射区加大投入建设力度。多开展与中心城市郑州市在科技方面的合作,各城市重点加强对连接中原城市群各个城市之间的重大领域技术合作的投入支持,比如交通基础设施等。

(3)完善科技创新金融服务体系。加强金融服务在支持科技创新方面的作用,促进各个城市科技创新和金融服务的融合发展,搭建好融资平台,在政府资金的引领下,使金融资金成为推动科技创新的主要力量。采用多种融资方式筹集技术创新所需要的资金,加强融资平台的建设。破除高新技术企业在金融市场融通资金的阻碍,推动科技创新成果的转化,在这个过程中金融体系要创新服务模式,充分发挥中原城市群科技创新优势、产业优势,增强城市之间的互补,提升科技产业的融资水平。

2. 提升开放创新水平

将自主创新和引进国外先进技术相结合,增强中原城市群的科技创新水平,建设好研发中心、产业研究院、数据中心等科技创新的基础平台,借助这些平台与国内一流或者国际一流的大学、科研院所、研发中心开展合作,政府部门要创造条件,在政策、资金方面予以扶持,消除制度上的障碍,竭力促成国内一流或者国际一流的大学、科研院所、研发中心与中原城市群科技创新平台的合作,重点建设一批科学工程、科研项目和科研实验室等;在合作中接触到科学技术的前沿,通过消化吸收再创新的方式,提升整个中原城市群的创新水平。同时要注意科技创新成果的转化,促进供需双方的交流与合作,使技术创新服务于经济高质量发展。

7.2.4 促进金融发展

加快中原城市群金融的发展步伐,以匹配中原城市群生态保护和经济高质量发展的需要,促进中原城市群生态保护和经济高质量协同发展的快速提升,金融发展方面提出如下政策建议。

1. 引导信贷资金发挥正向的技术效应

促进信贷资金支持绿色发展,使信贷资金发挥正向的技术效应,引导资金流向节能减排技术,而不是流向粗放型生产技术,节能减排技术的进步使企业能源消耗降低,改变生产方式,向绿色化转型,有助于生态保护和经济高质量协同发展。金融业应该将对绿色经济、低碳经济和循环经济的信贷支持上升到战略高度,使信贷资金绿色化,将资金投向生态保护产业和节约资源的技术开发,同时约束污染企业发展、帮助污染企业开展治污工程,通过促进环保和经济、社会的可持续发展,协同生态保护和经济高质量发展两者的关系。

2. 引导信贷资金发挥正向的结构效应

促进信贷资金支持绿色发展,使信贷资金发挥正向的结构效应,不同行业在能源消耗、环境污染方面具有异质性,金融资源集中到不同的行业,给生态保护和经济高质量协同发展会带来不同的影响。如果金融资源流向清洁型行业,将有助于生态保护和经济高质量协同发展。信贷资金在不同行业投放过程中,要利用大数据和云计算等技术实现绿色化,充分利用大数据技术,披露企业的污染排放数据和企业在环保方面的投资(资金投入和技术投入),金融资源在投放到企业时,要进行筛选,使资金流向清洁型行业而非污染型行业,有利于将资金转化为资本,推动资金流向生态农业、先进制造业、高端服务业等行业,有利于产业结构升级,激发企业科技创新的活力,加大金融支持绿色发展的力度。

3. 提升金融发展的市场化程度

提升金融发展的市场化程度有利于形成良好的市场准入和退出机制,有利于发挥优胜劣汰机制,增强资金要素的活力,完善金融市场的功能,降低金融市场交易费用,推动金融的良性发展。大力推动郑东新区金融中心的建设,使其为中原城市群的金融发展发挥作用。

7.2.5 通过人力资本投资提高劳动力的质量

本书第 6 章研究发现,人力资本对周边城市生态保护和经济高质量协同发展具有显著的正向影响,因此,可以通过人力资本投资提高劳动力的质量,促进中原城市群的生态保护和经济高质量协同发展。

中原城市群虽然属于我国人口密度比较大的区域,但是人力资本的质量并不高,总体上缺乏人力资本,制约了生态保护和经济高质量发展的协同,因此,需要提升中原城市群的人力资本质量,以充分发挥人力资本对中原城市群生态保护和经济高质量协同发展的积极影响。

1. 提高人力资本的培养质量

完善现代教育体系,特别是要重视办好高等教育,各个城市要支持一批高等学校进入国内一流和国际一流行列,开展中原城市群大学与国内外一流大学的交流,推进与国外大学的合作,开展多种形式的合作办学。加强大学与科研院所、企业研发中心的研发合作,发挥大学科学研究、社会服务的功能,围绕城市的优势资源和产业,建设产教融合的教育园区,提高人力资本的培养质量。

2. 建立合理的人力资本引入机制

去除不利于人力资本引入的约束条件,创造条件促进人力资本有效配置。完善中原城市群引进人才的灵活机制,实现中原城市群人力资本的资质互认。加快推进中国(中原)人力资源服务产业园区建设,吸引国内和国际优秀人才到中原城市群就业和创业,拓展城市群内部各城市之间的人力资本交流与合作,完善人才服务体系,用互联网技术推动公共就业信息服务平台的智能化。

3. 营造良好的人才发展环境

为优秀人才创造适宜的条件,留住人才、用好人才,激励优秀人才特别是创新人才的积极性,开展国家级重点引智专项计划,为人才和创新团队的技术研发工作创造条件。重视科技创新人才的培养,特别关注优秀创新人才、青年科技人才、技术技能人才的成长。发展好各人才培养基地,完善人才评价和激励机制,激发人才创新活力和创业热情。

7.2.6 完善外商投资环境监督制度

本书第 6 章研究发现,外商投资对生态保护和经济高质量协同发展具有显著影响,为了最大限度地发挥外商投资对中原城市群生态保护和经济高质量协同发展的促进作用,需要从以下几个方面对外商投资政策进行优化。

1. 完善法律中外资企业生态保护责任部分并严格执行

完善现有法律中外资企业生态保护责任部分,使外资企业的生产经营活动在法律框架内进行,依法对破坏生态环境的外资企业进行处罚,对造成的生态保护损坏进行修复,引导这一主体承担起保护生态环境的责任。在法律中明确规定外资企业设立、经营、撤资过程中的生态保护责任,严格执行有关法律,追究外资企业破坏生态环境应承担的责任,包含已经发生和预期发生损害的责任。

2. 加强政府对外商投资企业生态保护责任的监管

在生态保护问题日益重要的情况下,全球各国普遍将保护生态环境纳入政府责任的范畴中。在引进外商投资过程中,地方政府要承担起监管责任,吸引绿色高质量外商投资企业,加强对劳动密集型和资本密集型外资企业的监督,行使好监管外商投资企业生态保护责任这一权力。

3. 完善公众对外商投资企业生态保护监督制度

生态环境的好坏涉及公众的切身利益,影响公众的生活环境,因此,公众具有生态保护的热情,要完善公众对生态保护的监督制度,保障公众对生态保护威胁的知情权,鼓励社会公众对外商投资企业生态保护责任进行监督,充分发挥公众个人(或成立的公益组织)对外商投资企业生态保护责任监督的作用。

参 考 文 献

[1] 习近平.在黄河流域生态保护和高质量发展座谈会上的讲话[J].奋斗,2019(20):4-10.

[2] 韩燕,邓美玲.中原城市群生态效率时空演变及影响因素[J].生态学报,2020,40(14):4774-4784.

[3] 何韩吉,邓光明,葛梦兰.中原城市群空气质量空间关联研究[J].广西师范大学学报(自然科学版),2021,39(3):151-162.

[4] LAMB D, ERSKINE P D, PARROTTA J A. Restoration of degraded tropical forest landscapes[J]. Science, 2006, 310(5754):1628-1632.

[5] WILSON A M, LATIMER A M, SILANDER JR J A. Climatic controls on ecosystem resilience: post fire regeneration in the Cape Floristic Region of South Africa[J]. Proceedings of the National Academy of Sciences of the United States of America, 2015, 112(29):9058-9063.

[6] GONZÁLEZ–GROSS M, BREIDENASSEL C, GÓMEZ–MARTÍNEZ S, et al. Sampling and processing of fresh blood samples within a European multicenter nutritional study: evaluation of biomarker stability during transport and storage[J]. International Journal of Obesity, 2008, 32(5):S66-S75.

[7] ÖDMAN A M, SCHNOOR T K, RIPA J, et al. Soil disturbance as a restoration measure in dry sandy grasslands[J]. Biodiversity and Conservation, 2012, 21(8):1921-1935.

[8] BURKE A. Determining landscape function and ecosystem dynamics: contribution to ecological restoration in the southern Namib Desert[J]. AMBIO: A Journal of the Human Environment, 2001, 30(1):29-36.

[9] MYERS–SMITH H, FORBES B C, WILMKING M, et al. Shrub expansionin tundra ecosystems: Dynamics, impacts and research priorities[J]. Environmental Research Letters, 2011, 6(4):445-509.

[10] STANDISH R, HOBBS R, MILLER J. Improving city life: options for ecological restoration in urban landscapes and how these might influence interactions between people and nature[J]. Landscape Ecology, 2013, 28(6):1213-1221.

[11] SIDHU G P S. Heavy metal toxicity in soils: sources, remediation technologies and

challenges[J]. Advances in Plants & Agriculture Research,2016,5(1):166.

[12] WILSON S J, COOMES O T. "Crisis restoration" in post-frontier tropical environments: replanting cloud forests in the Ecuadorian Andes[J]. Journal of Rural Studies,2019,67:152-165.

[13] HERMOSO V, CLAVERO M, BLANCO-GARRIDO F, et al. Invasive species and habitat degradation in Iberian streams: an analysis of their role in freshwater fish diversity loss[J]. Ecological Applications,2011,21(1):175-188.

[14] REID A J, CARLSON A K, CREED I F, et al. Emerging threats and persistent conservation challenges for freshwater biodiversity[J]. Biological Reviews,2019,94(3):849-873.

[15] GRIZZETTI B, LIQUETE C, PISTOCCHI A, et al. Relationship between ecological condition and ecosystem services in European Rivers, lakes and coastal waters[J]. Science of The Total Environment,2019,671:452-465.

[16] YE C, YAO L, DENG A, et al. Spatial and seasonal dynamics of water quality, sediment properties and submerged vegetation in a eutrophic lake after ten years of ecological restoration[J]. Wetlands,2018,38(6):1147-1157.

[17] WOLTERS M, GARBUTT A, BAKKER J P. Saltmarsh restoration: evaluating the success of de-embankments in northwest Europe[J]. Biological Conservation,2005,123(2):249-268.

[18] WEINSTEIN M P. Ecological restoration and estuarine management: placing people in the coastal landscape[J]. Journal of Applied Ecology,2008,45(1):296-304.

[19] IMBRENDA V, COLUZZI R, LANFREDI M, et al. Analysis of landscape evolution in a vulnerable coastal area under natural and human pressure[J]. Geomatics, Natural Hazards and Risk,2018,9(1):1249-1279.

[20] WATSON S C L, GRANDFIELD F G C, HERBERT R J H, et al. Detecting ecological thresholds and tipping points in the natural capital assets of a protected coastal ecosystem[J]. Estuarine Coastal and Shelf Science, 2018, 215(31):112-123.

[21] GROSSMAN G M, KRUEGER A B. Environmental 1mPacts of a North American Free Trade Agreement[J]. NBER Working Paper,1991:3914.

[22] GROSSMAN G M, KRUEGER A B. Economic growth and the environment [J].

The Quarterly Journal of Economics,1995,110(2):353-377.

[23] MARKANDYA A, GOLUB A, PEDROSO-GALINATO S. Empirical analysis of national income and SO_2 emissions in selected european countries [J]. Environmental and Resource Economics,2006,35(3):221-257.

[24] IWATA H, OKADA K, SAMRETH S. Empirical study on the environmental Kuznets curve for CO_2 in France:The role of nuclear energy[J]. Energy Policy, 2010,38(8):4057-4063.

[25] PETERSON J M. Estimating an effluent charge:The reserve mining case[J]. Land Economics,1977,53(3):328.

[26] BRAULKE M, ENDRES A. On the economics of effluent charges [J]. The Canadian Journal of Economics,1981,18(4):891.

[27] FEINERMAN E,PLESSNER Y,DISEGNI ESHEL D M. Recycled effluent: should the polluter pay? [J]. American Journal of Agricultural Economics,2001,83(4):958-971.

[28] WUNDER S. Payments for environmental services : some nuts and bolts[J]. Cifor Occasional Paper,2005:42.

[29] MURADIANR,CORBERA E,PASCUAL U,et al. Reconciling theory and practice: an alternative conceptual framework for understanding payments for environmental services[J]. Ecological Economics,2010,69(6):1202-1208.

[30] TACCONI L. Redefining payments for environmental services [J]. Ecological Economics,2012,73:29-36.

[31] PAGIOLA S. Assessing the efficiency of payments for environmental Services programs: a framework for analysis[M]. Washington: World Bank,2005.

[32] ENGEL S, PAGIOLA S, WUNDER S. Designing payments for environmental services in theory and practice: an overview of the issues [J]. Ecological Economics,2008,65(4):663-674.

[33] RIBAUDO M, GREENE C, HANSEN L R, et al. Ecosystem services from agriculture:Steps for expanding markets[J]. Ecological Economics, 2010, 69(11):2085-2092.

[34] WILSON J J,LANTZ V A,MACLEAN D A. A benefit-cost analysis of establishing protected natural areas in New Brunswick, Canada [J]. Forest Policy and Economics,2010,12(2):94-103.

[35] JOPPA L N, PFAFF A. Global protected area impacts[J]. Proceedings of the Royal Society B: Biological Sciences, 2011, 278(1712):1633-1638.

[36] TAPIA-ARMIJOS M F, HOMEIER J, MUNT D D. Spatiotemporal analysis of the human footprint in South Ecuador: Influence of human pressure on ecosystems and effectiveness of protected areas[J]. Applied Geography, 2017, 78:22-32.

[37] HAYES M C, PETERSON M N, HEINEN-KAY J L, et al. Tourism-related drivers of support for protection of fisheries resources on Andros Island, The Bahamas[J]. Ocean & Coastal Management, 2015(106):118-123.

[38] RASTOGI A, HICKEY G M, ANAND A, et al. Wildlife tourism, local communities and tiger conservation: a village-level study in Corbett Tiger Reserve, India[J]. Forest Policy and Economics, 2015, 61:11-19.

[39] MALIK M I, BHAT M S. Sustainability of tourism development in Kashmir—Is paradise lost? [J]. Tourism Management Perspectives, 2015, 16:11-21.

[40] NAKAJIMA E S, ORTEGA E. Carrying capacity using energy and a new calculation of the ecological footprint [J]. Ecological Indicators, 2016, 60:1200-1207.

[41] FREDRIKSSON P G, LIST J A, MILLIMET D L. Bureaucratic corruption, environmental policy and inbound US FDI: theory and evidence[J]. Journal of Public Economics, 2003, 87(7):1407-1430.

[42] MLACHILA M, TAPSOBA R, TAPSOBA S J. A quality of growth index for developing countries: a proposal[J]. Social Indicators Research, 2017, 134(2):675-710.

[43] КОРМИШКИНА Л А, ГОРИН В А. Качество экономического роста в стратегии развития Тульской области [J]. Известия Тульского государственного университета. Экономические и юридические науки, 2011, 1(1):166-173.

[44] 卡马耶夫. 经济增长的速度和质量[M]. 陈华山, 左东官, 何剑, 等译. 武汉:湖北人民出版社, 1983.

[45] BARRO R J, SALA-I-MARTIN X, BLANCHARD O J, et al. Convergence across states and regions[J]. Bookings Papers on Economic Activity, 1991:107-182.

[46] 维诺德·托马斯. 经济增长的速度和质量[M]. 2版. 张绘, 唐仲, 林渊, 译. 北京:中国财政经济出版社, 2001.

[47] MARTINEZ M, MLACHILA M. The quality of the recent high-growth episode in

Sub-Saharan Africa[J]. Imf Working Papers,2013,13(53).

[48] ПОНИЗОВИЧ, С П. Оценка качества экономического роста на Дальнем Востоке России[J]. Молодой ученый. 2015,19.1 (99.1):136-138.

[49] PEARCE D W, TURNER R K. Economics of natural resources and the environment [M]. New York: Harvester Wheat Sheaf,1990.

[50] GROSSMAN G M, KRUEGER A B. Economic growth and the environment[J]. The Quarterly Journal of Economics,1995,110(2):353-377.

[51] SELDEN T M, SONG D. Environmental quality and development: is there a Kuznets Curve for air pollution emissions? [J]. Journal of Environmental Economics and management,1994,27(2):147-162.

[52] TORRAS M, BOYCE J K. Income, inequality, and pollution: a reassessment of the environmental Kuznets Curve[J]. Ecological Economics,1998,25(2):147-160.

[53] STERN D I. The Rise and Fall of the Environmental Kuznets Curve[J]. World Development,2004,32(8):1419-1439.

[54] BROCK W A, TAYLOR M S. The green Solow model [J]. Journal of Economic Growth,2010,15(2):127-153.

[55] SHAHBAZ M, MUTASCU M, AZIM P. Environmental Kuznets Curve in Romania and the role of energy consumption [J]. Renewable and Sustainable Energy Reviews,2013,18(2):165-173.

[56] APERGIS N. Environmental Kuznets Curves: New evidence on both panel and country-level CO_2 emissions[J]. Energy Economics,2016,54:263-271.

[57] JANSSEN S, LOUHICHI K, KANELLOPOULOS A, et al. A generic bioeconomic farm model for environmental and economic assessment of agricultural systems[J]. Environmental Management,2010,46(6):862-877.

[58] VALDIVIA R H V, E SOUZA M L O. A scheduler with a dynamic priority and its influence on a control system[C]. SAE Technical Paper,2012.

[59] TRETYAKOVA E A. Assessing sustainability of development of ecological and economic systems: A dynamic method [J]. Studies on Russian Economic Development,2014,25(4):423-430.

[60] YOO I T, KIM I. Free trade agreements for the environment? Regional economic integration and environmental cooperation in East Asia [J]. International Environmental Agreements,2016,16(5):1-18.

[61] SULTAN M, FISKE M, STEIN T, et al. Monitoring the Urbanization of the Nile Delta, Egypt [J]. Ambio, 1999, 28(7): 628-631.

[62] VARIS O, FRABOULET-JUSSILA S. Water resources development in the Lower Senegal River Basin: conflicting interests, environmental concerns and policy options[J]. International Journal of Water Resources Development, 2002, 18(2): 245-260.

[63] REINERT K A, RODRIGO G C, ROLAND-HOLST D W. North American economic integration and industrial pollution in the Great Lakes Region[J]. The Annals of Regional Science, 2002, 36(3): 483-495.

[64] CHHEANG V. Environmental and economic cooperation in the Mekong Region [J]. Asia Europe Journal, 2010, 8(3): 359-368.

[65] MUTISYA E, YARIME M. Moving towards urban sustainability in Kenya: a framework for integration of environmental, economic, social and governance dimensions[J]. Sustainability Science, 2014, 9(2): 205-215.

[66] STIGLITZ J. Growth with Exhaustible Natural Resources: efficient and optimal Growth Paths[J]. Review of Economic Studies, 1974, 41: 123-137.

[67] SAKAWA Y, HASHIMOTO Y. Control of environmental pollution and economic growth: modelling and numerical solution [J]. Applied Mathematic and Optimization, 1977, 4(1): 385-400.

[68] DASGUPTA P S, HEAL G M. Economic theory and exhaustible resources[M]. Cambridge: Cambridge University Press, 1979: 87.

[69] GRADUS R, SMULDERS S. The trade-off between environmental care and longterm growth—Pollution in three prototype growth models [J]. Journal of Economics, 1993, 58(1): 25-51.

[70] BROCK W A, Taylor M S. Economic growth and the environment: a Review of theory and empirics[M]. Handbook of Economic Growth. Amsterdam: Elsevier, 2005: 1749-1821.

[71] LUCAS R. On the mechanics of economic development[J]. Journal of Monetary Economics, 1988, 22(1): 3-42.

[72] ROMER P M. Endogenous technological change[J]. Journal of Political Economy, 1990, 98(5, Part 2): S71-S102.

[73] SMULDERS S. Entropy, environment, and endogenous economic growth [J].

International Tax and Public Finance,1995,2(2):319-340.

[74] BOVENBERG A L,SMULDERS J A. Transitional impacts of environmental policy in an endogenous growth model[J]. Other publications TiSEM,1996,37(4): 861-893.

[75] STOKER G. Governance as theory:five propositions[J]. International Social Science Journal,1998,50(155):17-28.

[76] BROCK W A,TAYLOR M S. The kindergarten rule of sustainable growth[J]. Working Papers,2003:95-97.

[77] BECKERMAN W. Economic growth and the environment:whose growth? whose environment?[J]. World Development,1992,20(4):481-496.

[78] ARROW K,BOLIN B,COSTANZA R,et al. Economic growth,carrying capacity, and the environment[J]. Ecological Economics,1995,15(2):91-95.

[79] EKINS P. The Kuznets Curve for the environment and economic growth:examing the evidence[J]. Environment and Planning A:Economy Space,1997,29(5): 805-830.

[80] MAGNANI E. The Environmental Kuznets Curve:development path or policy result?[J]. Environmental Modelling & Software,2001,16(2):157-165.

[81] 袁文卿. 水环境污染治理的税收政策[J]. 环境保护,2004,32(2):41-43.

[82] 吕阳,邢华. 辽河流域水污染防治的财政政策及绩效评价[J]. 财政研究,2013(9):34-36.

[83] 谢慧明,俞梦绮,沈满洪. 国内水生态补偿财政资金运作模式研究:资金流向与补偿要素视角[J]. 中国地质大学学报(社会科学版),2016,16(5):30-41.

[84] 曹文. 我国天然林资源保护工程的财政政策研究[D]. 北京:北京林业大学,2008.

[85] 刘晓光,朱晓东. 论财政政策与林业生态建设:基于主体功能区的视角[J]. 生态经济,2013,29(12):68-72.

[86] 董玮,田淑英,刘浩. 林业生态经济发展多维度公共政策选择与测度[J]. 中国人口·资源与环境,2017,27(11):149-158.

[87] 田华,刘晨阳. 中国推进实施应对气候变化财政政策的战略意义与路径选择[J]. 财政研究,2010(7):29-32.

[88] 王延杰. 京津冀治理大气污染的财政金融政策协同配合[J]. 经济与管理,2015,29(1):13-18.

[89] 李一花,李曼丽.农业面源污染控制的财政政策研究[J].财贸经济,2009(9):89-94.

[90] 李曼丽.控制农业面源污染的财政政策研究[D].济南:山东大学,2009.

[91] 司言武.农业非点源水污染税收政策研究[J].中央财经大学学报,2010(9):6-9.

[92] 刘召,羊许益.农村生态环境危机及其治理:基于公共物品理论的视角[J].农村经济,2011(3):104-108.

[93] 鲍文前.完善农村生态环境保护的财政政策研究:基于安徽农村生态环境保护财政政策实施情况的分析[J].经济研究参考,2013(50):68-75.

[94] 陆成林.农村环境综合整治财政政策创新:以辽宁省为例[J].财政研究,2014(4):62-64.

[95] 熊冬洋.促进低碳农业发展的财政政策研究[J].经济纵横,2017(5):112-117.

[96] 崔亚飞,宋马林.我国省际工业污染治理投资强度的策略互动性:基于空间计量的实证测度[J].技术经济,2012,31(4):93-97.

[97] 刘涛.福建省城市工业污染治理投资动态效率评价:基于DEA和Malmquist指数[J].西北师范大学学报(自然科学版),2013,49(4):94-100.

[98] 李惠茹,刘濛.京津冀区域工业污染治理投资效应的评价[J].河北大学学报(哲学社会科学版),2014,39(3):91-95,160.

[99] 熊升银.中国城镇化的生态环境效应:基于工业污染治理投资视角的实证研究[J].技术经济,2017,36(12):86-90.

[100] 韩美,杜焕,张翠,等.黄河三角洲水资源可持续利用评价与预测[J].中国人口·资源与环境,2015,25(7):154-160.

[101] 郭云,梁晨,李晓文.基于系统保护规划的黄河流域湿地优先保护格局[J].应用生态学报,2018,29(9):3024-3032.

[102] 陆大道,孙东琪.黄河流域的综合治理与可持续发展[J].地理学报,2019,74(12):2431-2436.

[103] 张金良.黄河流域生态保护和高质量发展水战略思考[J].人民黄河,2020,42(4):1-6.

[104] 郭晗.黄河流域高质量发展中的可持续发展与生态环境保护[J].人文杂志,2020(1):17-21.

[105] 刘敬智,王青,顾晓薇,等.中国经济的直接物质投入与物质减量分析[J].资源科学,2005,27(1):46-51.

[106] 焦文献,陈兴鹏,贾卓.甘肃省能源消费碳足迹变化及影响因素分析[J].资源科学,2012,34(3):559-565.

[107] 赵涛,郑丹.1996—2010年中国能源碳足迹生态压力研究[J].干旱区资源与环境,2014,28(8):1-6.

[108] 陆虹.中国环境问题与经济发展的关系分析:以大气污染为例[J].财经研究,2000,26(10):53-59.

[109] 杨凯,叶茂,徐启新.上海城市废弃物增长的环境库兹涅茨特征研究[J].地理研究,2003,22(1):60-66.

[110] 邢秀凤,曹洪军,胡世明.青岛市"三废"排放的环境库兹涅茨特征分析[J].城市环境与城市生态,2005,18(5):33-34,37.

[111] 李春生.广州市环境库兹涅茨曲线分析[J].生态经济,2006,22(8):50-52,59.

[112] 宋涛,郑挺国,佟连军,等.基于面板数据模型的中国省区环境分析[J].中国软科学,2006(10):121-127.

[113] 许月卿,李双成,蔡运龙.基于GIS和人工神经网络的区域贫困化空间模拟分析:以贵州省猫跳河流域为例[J].地理科学进展,2006,25(3):79-85,140.

[114] 曾永明,张果.基于GIS和BP神经网络的区域农村贫困空间模拟分析:一种区域贫困程度测度新方法[J].地理与地理信息科学,2011,27(2):70-75.

[115] 刘一明,胡卓玮,赵文吉,等.基于BP神经网络的区域贫困空间特征研究:以武陵山连片特困区为例[J].地球信息科学学报,2015,17(1):69-77.

[116] 刘华民,王立新,杨劼,等.气候变化对农牧民生计影响及适应性研究:以鄂尔多斯市乌审旗为例[J].资源科学,2012,34(2):248-255.

[117] 韦惠兰,欧阳青虎.气候变化对中国半干旱区农民生计影响初探:以甘肃省半干旱区为例[J].干旱区资源与环境,2012,26(1):117-121.

[118] 陈伟娜,闫慧敏,黄河清.气候变化压力下锡林郭勒草原牧民生计与可持续能力[J].资源科学,2013,35(5):1075-1083.

[119] 杨丽雪,单德朋,苏永杰.生态环境、碳排放与贫困减缓:基于西部地区省级面板数据的实证研究[J].西南民族大学学报(人文社会科学版),2014,35(6):150-154.

[120] 谢大伟,龚新蜀.完善我国城市水源地保护财税政策的思考:探析推进城镇化进程中的环境保护问题[J].价格理论与实践,2015(2):100-102.

[121] 易金平,彭芳春,雷蕾.新常态下工业污染治理投资的优化路径:以湖北省为

例[J].财会月刊,2016(14):124-128.

[122] 何勇,张健,陈秀兰.森林生态补偿研究进展及关键问题分析[J].林业经济,2009,31(3):76-79.

[123] 马爱慧,蔡银莺,张安录.耕地生态补偿实践与研究进展[J].生态学报,2011,31(8):2321-2330.

[124] 温锐,刘世强.我国流域生态补偿实践分析与创新探讨[J].求实,2012(4):42-46.

[125] 胡振通.中国草原生态补偿机制:基于内蒙甘肃两省(区)的实证研究[D].北京:中国农业大学,2016.

[126] 孔德帅.区域生态补偿机制研究:以贵州省为例[D].北京:中国农业大学,2017.

[127] 郑姚闽,张海英,牛振国,等.中国国家级湿地自然保护区保护成效初步评估[J].科学通报,2012,57(4):207-230.

[128] 高吉喜.探索我国生态保护红线划定与监管[J].生物多样性,2015,23(6):705-707.

[129] 刘冬,林乃峰,邹长新,等.国外生态保护地体系对我国生态保护红线划定与管理的启示[J].生物多样性,2015,23(6):708-715.

[130] 陈海嵩."生态保护红线"的法定解释及其法律实现[J].哈尔滨工业大学学报(社会科学版),2017,19(4):29-35,2.

[131] 刘方正,张建亮,王亮,等.甘肃安西极旱荒漠国家级自然保护区南片植被长势与保护成效[J].生态学报,2016,36(6):1582-1590.

[132] 王军.准确把握高质量发展的六个内涵[N].证券日报,2017-12-23(A03).

[133] 杨伟民.贯彻中央经济工作会议精神推动高质量发展[J].宏观经济管理,2018(2):13-17.

[134] 林兆木.我国经济高质量发展的内涵和要义[J].西部大开发,2018(Z1):111-113.

[135] 金碚.关于"高质量发展"的经济学研究[J].中国工业经济,2018(4):5-18.

[136] 任保平.新时代中国经济从高速增长转向高质量发展:理论阐释与实践取向[J].学术月刊,2018,50(3):66-74,86.

[137] 何立峰.大力推动高质量发展 积极建设现代化经济体系[J].宏观经济管理,2018(7):4-6.

[138] 杨三省.推动高质量发展的内涵和路径[N].陕西日报,2018-05-23(11).

[139] 李伟.高质量发展的六大内涵[J].中国林业产业,2018(Z1):50-51.

[140] 李伟.推动中国经济稳步迈向高质量发展[J].智慧中国,2018(1):14-17.

[141] 夏锦文,吴先满,吕永刚,等.江苏经济高质量发展"拐点":内涵、态势及对策[J].现代经济探讨,2018(5):1-5.

[142] 安淑新.促进经济高质量发展的路径研究:一个文献综述[J].当代经济管理,2018,40(9):11-17.

[143] 冯俏彬.我国经济高质量发展的五大特征与五大途径[J].中国党政干部论坛,2018(1):59-61.

[144] 任保平,李禹墨.新时代我国高质量发展评判体系的构建及其转型路径[J].陕西师范大学学报(哲学社会科学版),2018,47(3):105-113.

[145] 许岩.建立完善统计指标体系助推经济高质量发展[N].证券时报,2017-12-28(A07).

[146] 徐莹.加快建立高质量发展指标体系[N].中国质量报,2018-03-20(1).

[147] 程虹.如何衡量高质量发展[N].第一财经日报,2018-03-14(A11).

[148] 任保平,文丰安.新时代中国高质量发展的判断标准、决定因素与实现途径[J].改革,2018(4):5-16.

[149] 吴跃明,郎东锋,张子珩,等.环境—经济系统协调度模型及其指标体系[J].中国人口·资源与环境,1996,6(2):51-54.

[150] 李崇阳.试论经济增长与环境质量变和博弈[J].福建论坛(经济社会版),2002(2):38-40.

[151] 陈六君,毛潭,刘为,等.环境恶化与经济衰退的动力学模型[J].北京师范大学学报(自然科学版),2004,40(5):617-622.

[152] 陈祖海.环境与经济协调发展的再认识[J].地域研究与开发,2004,23(4):21-24.

[153] 毕东苏,郑广宏,顾国维,等.城市生态系统承载理论探索与实证:以长江三角洲为例[J].长江流域资源与环境,2005,14(4):465-469.

[154] 彭水军,包群.中国经济增长与环境污染:基于广义脉冲响应函数法的实证研究[J].中国工业经济,2006(5):15-23.

[155] 王宏伟,张小雷,魏山峰,等.乌鲁木齐市经济发展与生态环境交互耦合的规律性分析[J].中国科学D辑:地球科学,2006,36(S2):140-147.

[156] 张荣天,焦华富.泛长江三角洲地区经济发展与生态环境耦合协调关系分析[J].长江流域资源与环境,2015,24(5):719-727.

[157] 何蓓蓓,梅艳.江苏省生态足迹与经济增长关系的实证研究[J].资源科学,2009,31(11):1973-1981.

[158] 张子龙,陈兴鹏,杨静,等.甘肃省经济增长与环境压力关系动态变化的结构分解分析[J].应用生态学报,2010,21(2):429-433.

[159] 任志远,徐茜,杨忍.基于耦合模型的陕西省农业生态环境与经济协调发展研究[J].干旱区资源与环境,2011,25(12):14-19.

[160] 张俊飚,颜廷武.喀斯特贫困地区社会经济与生态环境协调发展问题的研究[J].中国农学通报,2001,17(6):67-69,93.

[161] 丁金梅,文琦.陕北农牧交错区生态环境与经济协调发展评价[J].干旱区地理,2010,33(1):136-143.

[162] 王海宁,薛惠锋.地下水生态环境与社会经济协调发展定量分析[J].环境科学与技术,2012,35(12):234-237.

[163] 曹诗颂,赵文吉,段福洲.秦巴特困连片区生态资产与经济贫困的耦合关系[J].地理研究,2015,34(7):1295-1309.

[164] 金凤君.黄河流域生态保护与高质量发展的协调推进策略[J].改革,2019(11):33-39.

[165] 黄燕芬,张志开,杨宜勇.协同治理视域下黄河流域生态保护和高质量发展:欧洲莱茵河流域治理的经验和启示[J].中州学刊,2020(2):18-25.

[166] 包群,彭水军,阳小晓.是否存在环境库兹涅茨倒U型曲线?——基于六类污染指标的经验研究[J].上海经济研究,2005,17(12):3-13.

[167] 韩君.中国区域环境库兹涅茨曲线的稳定性检验:基于省际面板数据[J].统计与信息论坛,2012,27(8):56-62.

[168] 罗岚,邓玲.我国各省环境库兹涅茨曲线地区分布研究[J].统计与决策,2012,28(10):99-101.

[169] 魏一鸣,范英,蔡宪唐,等.人口、资源、环境与经济协调发展的多目标集成模型[J].系统工程与电子技术,2002,24(8):1-5.

[170] 何一农,胡适耕.环境污染、内生人口增长与经济增长模型[J].华中科技大学学报(自然科学版),2004,32(9):114-116.

[171] 陈祖海,熊焰.基于环境与经济协调发展的环境容量分析[J].中南民族大学学报(自然科学版),2006,25(2):103-105.

[172] 辜胜阻,魏珊.保持环境与经济协调发展的思考[J].武汉大学学报(人文社会科学版),2000,53(3):294-298.

[173] 林道辉,沈学优,刘亚儿.环境与经济协调发展理论研究进展[J].环境污染与防治,2002(02):120-123.

[174] 杨卫国.区域环境承载力评价在区域环境影响评价中的应用[J].中国环保产业,2009(10):31-34.

[175] 曹光辉,汪锋,张宗益,等.我国经济增长与环境污染关系研究[J].中国人口·资源与环境,2006,16(1):25-29.

[176] 刘昌明,刘小莽,田巍,等.黄河流域生态保护和高质量发展亟待解决缺水问题[J].人民黄河,2020,42(9):6-9.

[177] 郭琦.黄委与河南省座谈:为推动黄河流域生态保护和高质量发展提供有力科技支撑[J].人民黄河,2020,42(04):2.

[178] 王军 新一代信息技术促进黄河流域生态保护和高质量发展应用研究[J].人民黄河,2021,43(3):6-10.

[179] 孔繁德,等.生态保护[M].北京:中国环境科学出版社,2003.

[180] 李旭东,葛向东,等.生态保护[M].北京:中国环境科学出版社,2005.

[181] 黄锡生,任洪涛.生态利益有效保护的法律制度探析[J].中央民族大学学报(哲学社会科学版),2014,41(2):11-16.

[182] 沈国舫.关于"生态保护和建设"名称和内涵的探讨[J].生态学报,2014,34(7):1891-1895.

[183] 黄锡生,史玉成.环境与资源保护法学[M].4版.重庆:重庆大学出版社,2015.

[184] 付战勇,马一丁,罗明,等.生态保护与修复理论和技术国外研究进展[J].生态学报,2019,39(23):9008-9021.

[185] ROGERS S I, GREENAWAY B. A UK perspective on the development of marine ecosystem indicators[J]. Marine Pollution Bulletin,2005,50(1):9-19.

[186] BOWEN R E, DEPLEDGE M H. Rapid assessment of marine pollution (RAMP)[J]. Marine Pollution Bulletin,2006,53(10/11/12):631-639.

[187] 陈志刚,吴腾.金融发展与城市化是如何互动的:基于1997—2014年中国省级面板数据的实证研究[J].中南民族大学学报(人文社会科学版),2017,37(1):125-132.

[188] HAKEN H. Synergetics[J]. Physics Bulletin,1977,28(9):412-414.

[189] 哈肯.高等协同学[M].郭治安,译.北京:科学出版社,1989.

[190] ITAMI H, ROEHL T W. Mobilizing Invisible Assets[M]. Cambridge:Harvard

University Press,1987.

[191] 孟昭华.关于协同学理论和方法的哲学依据与社会应用的探讨[J].系统辩证学学报,1997,5(2):32-35.

[192] 李京文,汪同三.关于目前经济形势的几点看法[J].数量经济技术经济研究,1993,10(4):3-5.

[193] ODUM E P. Fundamentals of Ecology[M]. Philadelphia:W. B. Saunders,1953.

[194] JACOBS L W. Selenium in agriculture and the environment[J]. Soil Science,1990,149(2):121.

[195] 张红武.科学治黄方能保障流域生态保护和高质量发展[J].人民黄河,2020,42(5):1-7,12.

[196] 向艺,王成璋,苏伟洲.省域旅游经济发展水平测度[J].西南交通大学学报(社会科学版),2014,15(3):11-15,36.

[197] 陈志刚,吴国维,张浩.房地产泡沫如何影响实体经济投资[J].财经科学,2018(3):93-106.

[198] 何兴邦.创业质量与中国经济增长质量:基于省际面板数据的实证分析[J].统计与信息论坛,2019,34(12):84-93.

[199] 马茹,罗晖,王宏伟,等.中国区域经济高质量发展评价指标体系及测度研究[J].中国软科学,2019(7):60-67.

[200] 王阳,谭永生,李璐.收入分配评价指标体系重构研究:基于体现效率、促进公平的视角[J].经济纵横,2019(3):80-92.

[201] 张国兴,苏钊贤.黄河流域中心城市高质量发展评价体系构建与测度[J].生态经济,2020,36(7):37-43.

[202] 刘丽波.基于区域差异的经济高质量发展水平测度与进程监测[J].统计与决策,2020,36(8):110-114.

[203] 张江洋,袁晓玲,王军.高质量发展下城市投入产出指标体系重构研究[J].北京工业大学学报(社会科学版),2020,20(5):58-67.

[204] 高志刚,克甝.中国沿边省区经济高质量发展水平比较研究[J].经济纵横,2020(2):23-35,2.

[205] 杨士弘.广州城市环境与经济协调发展预测及调控研究[J].地理科学,1994,14(2):136-143,199.

[206] 王继军,李慧,苏鑫,等.基于农户层次的陕北黄土丘陵区农业生态经济系统耦合关系研究[J].自然资源学报,2010,25(11):1887-1896.

[207] 肖新成,谢德体,倪九派.面源污染减排增汇措施下的农业生态经济系统耦合状态分析:以三峡库区忠县为例[J].中国生态农业学报,2014,22(1):111-119.

[208] 万伟伟,乌画.生态文明与经济社会发展协同关系的实证分析[J].江西社会科学,2013,33(8):68-71.

[209] 汪阳洁,姜志德,王继军.基于农业生态系统耦合的退耕还林工程影响评估[J].系统工程理论与实践,2015,35(12):3155-3163.

[210] 钟晓青,张万明,李萌萌.基于生态容量的广东省资源环境基尼系数计算与分析:与张音波等商榷[J].生态学报,2008,28(9):4486-4493.

[211] CHEN Y, TAN H, BERARDI U. A data-driven approach for building energy benchmarking using the Lorenz curve[J]. Energy and Buildings, 2018, 169: 319-331.

[212] 陈晓杰,王静,孔雪松,等.武汉城市圈生态足迹时空差异及其与经济发展的协同性[J].生态学杂志,2020,39(10):3452-3462.

[213] 史亚琪,朱晓东,孙翔,等.区域经济-环境复合生态系统协调发展动态评价:以连云港为例[J].生态学报,2010,30(15):4119-4128.

[214] 赵小峰,陈宗兴,霍学喜."投入—产出"的协同进化效率研究:以陕西涉农职业院校为例[J].统计与信息论坛,2018,33(6):123-128.

[215] 肖静,李亚楠,刘子玉.基于数据包络法的汽车企业供应链协同管理研究[J].工业技术经济,2019,38(5):97-103.

[216] 刘波,龙如银,朱传耿,等.海洋经济与生态环境协同发展水平测度[J].经济问题探索,2020(12):55-65.

[217] 宁朝山,李绍东.黄河流域生态保护与经济发展协同度动态评价[J].人民黄河,2020,42(12):1-6.

[218] 刘满凤,许娟娟.鄱阳湖生态经济区经济与环境协同性的时空演化分析[J].江西师范大学学报(自然科学版),2016,40(3):318-323.

[219] 苏妮娜,朱先奇,史竹琴.技术共享对科技型中小企业协同创新联盟稳定性的影响[J].工业工程与管理,2020,25(2):118-124.

[220] 曹丽斌,蔡博峰,王金南.中国城市产业结构与CO_2排放的耦合关系[J].中国人口·资源与环境,2017,27(2):10-14.

[221] 李晨曦.京津冀城市产业用地耦合协调关系与调控研究[D].北京:中国地质大学(北京),2018.

[222] 张文, 钟宸. 我国经济、生态、技术和金融的协同发展研究[J]. 金融与经济, 2019(9): 73-80.

[223] 刘波, 龙如银, 朱传耿, 等. 海洋经济与生态环境协同发展水平测度[J]. 经济问题探索, 2020(12): 55-65.

[224] 朱晓柯, 万志芳. 林业生态、产业和民生系统耦合协调的动态演进: 以黑龙江省国有林区为例[J]. 统计与信息论坛, 2019, 34(2): 55-63.

[225] 朱林芳, 周燕, 马慧强. 中国省域旅游公共服务与旅游效率耦合协调分析[J]. 经济问题, 2020(11): 95-102.

[226] 刘文琦. 资本深化与技术创新协同对产业结构升级的影响研究[D]. 南昌: 南昌大学, 2019.

[227] 张华明, 范映君, 高文静, 等. 环境规制促进环境质量与经济协调发展实证研究[J]. 宏观经济研究, 2017(7): 135-148.

[228] 赵新华, 李斌, 李玉双. 环境管制下 FDI、经济增长与环境污染关系的实证研究[J]. 中国科技论坛, 2011(3): 101-105.

[229] 朱凤慧, 刘立峰. 我国产业结构升级与经济高质量发展: 基于地级及以上城市经验数据[J]. 云南财经大学学报, 2020, 36(6): 42-53.

[230] 王鹏, 谢丽文. 污染治理投资、企业技术创新与污染治理效率[J]. 中国人口·资源与环境, 2014, 24(9): 51-58.

[231] AGHION P, HOWITT P, BRANT-COLLETT M, et al. Endogenous growth theory [M]. Cambridge, Mass: The MIT Press, 1998.

[232] 严成樑, 龚六堂. R&D 驱动经济下的最优财政政策研究[J]. 学习与探索, 2009(6): 165-168.

[233] 李荣杰. 资源环境约束下人力资本驱动经济低碳转型研究[D]. 青岛: 中国海洋大学, 2015.

[234] 王洪庆. 外商直接投资如何影响中国工业环境规制[J]. 中国软科学, 2015(7): 170-181.

[235] 史青. 外商直接投资、环境规制与环境污染: 基于政府廉洁度的视角[J]. 财贸经济, 2013(1): 93-103.

[236] CHOW, G C. Capital formation and economic growth in China[J]. The Quarterly Journal of Economics, 1993, 108(3): 809-842.

[237] LEVINE R, ZERVOS S. Stock Markets, Banks, and Economic Growth [J]. American Economic Review, 1996, 88(88): 537-538.

[238] ARESTIS P, DEMETRIADES P O, LUINTEL K B. Financial development and growth: the role of stock markets[J]. Journal of Money Credit & Banking, 2001, 33(1):16-41.

[239] 张军. 资本形成、工业化与经济增长:中国的转轨特征[J]. 经济研究, 2002, 37(6):3-13, 93.

[240] 章奇, 何帆, 刘明兴. 金融自由化、政策一致性和金融脆弱性:理论框架与经验证据[J]. 世界经济, 2003, 26(12):3-14.

[241] 齐志强, 康春鹏. 中国经济增长来源实证研究:基于对细分的信息产业、资本投入、劳动投入与全要素生产率的分析[J]. 工业技术经济, 2013, 33(2):133-141.

[242] 胡威. 环境规制与碳生产率变动[D]. 武汉:武汉大学, 2016.

[243] 刘艳军, 刘德刚, 付占辉, 等. 哈大巨型城市带空间开发-经济发展-环境演变的耦合分异机制[J]. 地理科学, 2018, 38(5):662-671.

[244] 张新林, 仇方道, 王长建等. 长三角城市群工业生态效率空间溢出效应及其影响因素[J]. 长江流域资源与环境, 2019, 28(8):1791-1800.

[245] 刘宏霞. 生产性服务业与制造业协同集聚的经济效应研究:以长三角城市群为例[D]. 兰州:兰州大学, 2019.

[246] 郭淑芬, 裴耀琳, 吴延瑞. 生产性服务业发展的产业结构调整升级效应研究:来自中国267个城市的经验数据[J]. 数量经济技术经济研究, 2020, 37(10):45-62.

[247] 上官绪明, 葛斌华. 科技创新、环境规制与经济高质量发展:来自中国278个地级及以上城市的经验证据[J]. 中国人口·资源与环境, 2020, 30(6):95-104.

[248] 姜磊. 应用空间计量经济学[M]. 北京:中国人民大学出版社, 2020.

[249] 金浩, 李瑞晶, 李媛媛. 基于ESDA-GWR的三重城镇化协调性空间分异及驱动力研究[J]. 统计研究, 2018, 35(1):75-81.

[250] 张虎, 韩爱华. 制造业与生产性服务业耦合能否促进空间协调:基于285个城市数据的检验[J]. 统计研究, 2019, 36(1):39-50.

[251] 李光龙, 孙宏伟, 周云蕾, 等. 财政分权下科技创新与城市绿色发展效率[J]. 统计与信息论坛, 2020, 35(9):83-93.

[252] 于洪雁, 王群勇, 张博, 等. 中国旅游供需耦合协调发展的空间分异及驱动机制研究[J]. 地理科学, 2020, 40(11):1889-1898.

[253] LEE L F, YU J H. Estimation of spatial autoregressive panel data models with fixed effects[J]. Journal of Econometrics,2010,154(2):165-185.

[254] 陈强.高级计量经济学及 Stata 应用[M].2版.北京:高等教育出版社,2020.

[255] 刘伟,蔡志洲.我国工业化进程中产业结构升级与新常态下的经济增长[J].北京大学学报(哲学社会科学版),2015,52(3):5-19.

[256] 孙叶飞,夏青,周敏.新型城镇化发展与产业结构变迁的经济增长效应[J].数量经济技术经济研究,2016,33(11):23-40.

[257] 徐秋艳,房胜飞,马琳琳.新型城镇化、产业结构升级与中国经济增长:基于空间溢出及门槛效应的实证研究[J].系统工程理论与实践,2019,39(6):1407-1418.

[258] LESAGE J P,PACE R K. Introduction to Spatial Econometrics[M]. Boca Raton:CRC Press,2009:45-75.

[259] 黄寰,王玮,尹涛涛.科技创新、环境规制与经济发展的空间效应研究:以长江经济带为例[J].华中师范大学学报(自然科学版),2020,54(4):567-575.

[260] 刘应元,阳天伦.科技金融发展对区域生态效率的影响:基于省级面板数据的空间计量分析[J].武汉金融,2021(5):74-81,28.

[261] 王帅龙,李豫新,曹梦渊.空间溢出视角下创新型人力资本与经济高质量发展[J].调研世界,2022(8):3-12.

[262] 鲁继通.京津冀区域科技创新效应与机制研究[D].北京:首都经济贸易大学,2016.